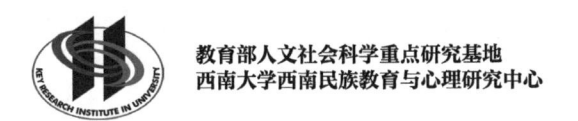

教育部人文社会科学重点研究基地
西南大学西南民族教育与心理研究中心

教育学一流学科建设学术文库

铸牢中华民族共同体意识的课程及教材体系建设研究

罗生全 等 著

西南大学出版社
国家一级出版社 全国百佳图书出版单位

图书在版编目(CIP)数据

铸牢中华民族共同体意识的课程及教材体系建设研究/
罗生全等著. -- 重庆：西南大学出版社，2024.6(2025.6重印)
ISBN 978-7-5697-2116-4

Ⅰ.①铸… Ⅱ.①罗… Ⅲ.①中华民族—民族意识—
课程—教学研究②中华民族—民族意识—教材改革—教学
研究 Ⅳ.①C955.2

中国国家版本馆CIP数据核字(2024)第027594号

铸牢中华民族共同体意识的课程及教材体系建设研究
ZHULAO ZHONGHUA MINZU GONGTONGTI YISHI DE KECHENG JI JIAOCAI TIXI JIANSHE YANJIU

罗生全 等 著

责任编辑｜邓　慧　张　琳
责任校对｜李　君
装帧设计｜殳十堂_未氓
排　　版｜贝　岚
出版发行｜西南大学出版社（原西南师范大学出版社）
　　　　地　　址｜重庆市北碚区天生路2号
　　　　邮　　编｜400715
印　　刷｜重庆新生代彩印技术有限公司
成品尺寸｜170 mm × 240 mm
印　　张｜13.25
字　　数｜227千字
版　　次｜2024年6月第1版
印　　次｜2025年6月第2次印刷
书　　号｜ISBN 978-7-5697-2116-4
定　　价｜58.00元

序言

在党的二十大报告中,习近平总书记庄严地宣告:"从现在起,中国共产党的中心任务就是团结带领全国各族人民全面建成社会主义现代化强国、实现第二个百年奋斗目标,以中国式现代化全面推进中华民族伟大复兴。"[①]中华民族共同体意识是国家统一之基、民族团结之本、精神力量之魂。铸牢中华民族共同体意识是以习近平同志为核心的党中央立足新发展阶段、贯彻新发展理念、构建新发展格局对党的民族理论与时俱进的创新发展,是马克思主义民族理论中国化的最新成果。只有铸牢中华民族共同体意识,构建起维护国家统一和民族团结的坚固思想长城,各民族共同维护好国家安全和社会稳定,才能有效抵御各种极端、分裂思想的渗透,才能不断实现各族人民对美好生活的向往,才能实现好、维护好、发展好各民族的根本利益。党的二十大报告强调:"以铸牢中华民族共同体意识为主线,坚定不移走中国特色解决民族问题的正确道路,坚持和完善民族区域自治制度,加强和改进党的民族工作,全面推进民族团结进步事业。"[②]教育是铸牢中华民族共同体意识的重要途径和关键手段。铸牢中华民族共同体意识教育是新时代立德树人根本任务的重要要求,也是新时代学校思想政治教育工作、德育工作的重要内容。

课程教材是学校教育教学的基本依据,是培养有理想、有本领、有担当的"时

[①] 习近平.高举中国特色社会主义伟大旗帜 为全面建设社会主义现代化国家而团结奋斗——在中国共产党第二十次全国代表大会上的报告[M].北京:人民出版社,2022:21.
[②] 习近平.高举中国特色社会主义伟大旗帜 为全面建设社会主义现代化国家而团结奋斗——在中国共产党第二十次全国代表大会上的报告[M].北京:人民出版社,2022:39-40.

代新人"的重要载体,铸牢中华民族共同体意识教育必须充分发挥课程教材的核心作用。加强铸牢中华民族共同体意识课程教材研究是实现铸牢中华民族共同体意识教育的必然要求,是实现铸牢中华民族共同体意识教育前瞻性研究、引领性创新性成果重大突破的重要抓手,更是新时代党的民族工作高质量发展的重要内核。基于此,本书首先探讨了铸牢中华民族共同体意识对铸魂育人、培育中华民族精神及增强中华文化认同的教育价值体系,从马克思主义共同体理论、中国特色社会主义民族理论及文化自觉理论出发,探讨了铸牢中华民族共同体意识的理论基础,分析这些理论的内涵及性质,吸收其理论营养,为铸牢中华民族共同体意识提供理论证据,确立其理论思想与内涵,认为铸牢中华民族共同体意识课程应遵循"全人取向""全面发展""主题统整"三个基本理念。其次,本书通过以新中国成立以来相关政策文本为分析对象,运用政策学研究的理论和工具,通过定量分析、内容分析和价值分析,全面梳理铸牢中华民族共同体意识的相关政策规定及其反映的历史脉络和基本思想,为课程教材建设奠定政策基础。最后,本书从课程教材建设出发,以课程目标建设、内容体系建设和制度建设为逻辑思路,重点探讨了如何以"立德树人"为根本任务进行"大中小幼"进阶式一体化课程目标建设、如何依托优秀传统文化和各地方特色资源进行课程内容建设,以及如何完善国家课程管理制度并建立教材编、审、选、用、评制度体系等核心问题,保证铸牢中华民族共同体意识教育的全面落实。

路漫漫其修远兮,铸牢中华民族共同体意识课程教材研究是一个不断吸取新的理论内涵、紧密结合课堂实践的过程,永远没有终点。本书的研究分析仅是对该问题的粗浅认识,希冀更多的研究者参与铸牢中华民族共同体意识课程教材的研究中,携手多方力量,担负助推我国民族工作高质量发展的责任与使命,只有牢固树立正确的国家观、历史观、民族观、文化观、宗教观,构筑各民族共有的精神家园,才能同各族人民一起把我国建设成为富强民主文明和谐美丽的社会主义现代化强国。

本书由罗生全教授设计总体框架,带领团队成员共同完成。具体分工如下:导论,罗生全;第一章,黄朋、罗生全;第二章,罗生全、吴志敏、但沁园;第三章,罗生全、杨馨洁;第四章,郑欣蕊、谭爱丽;第五章,郭窈君、罗生全;第六章罗生全、王心蕊。最后,由罗生全教授进行统稿和定稿。

在本书即将付梓之际,要特别感谢所有做出贡献的相关学者以及参与铸牢中华民族共同体意识的课程教材建设研究工作的博士生、硕士生,同时也要感谢本书责任编辑所付出的辛劳与智慧。

由于才疏学浅,难免有许多不足之处,敬请各位专家、学者及读者不吝赐教,批评指正。

目录

导论 ·· 001

第一章　铸牢中华民族共同体意识教育的价值意蕴 ·············· 011

第一节　聚焦铸魂育人：铸牢中华民族共同体意识教育的初心 ············ 012
　　一、坚持贯彻党的教育方针 ··· 012
　　二、坚持党的全面领导 ··· 014
　　三、推动新时代党的民族教育高质量发展 ····························· 016

第二节　培育中华民族精神：铸牢中华民族共同体意识教育的重心 ······ 019
　　一、弘扬爱国主义精神 ··· 020
　　二、弘扬自强不息精神 ··· 022
　　三、弘扬伟大团结统一精神 ··· 023

第三节　增强中华文化认同：铸牢中华民族共同体意识教育的决心 ······ 024
　　一、坚守中华文化立场，延续中华文化基因 ·························· 025
　　二、坚定文化自信，推动中华优秀传统文化创造性转化和创新性发展
　　　　 ·· 027
　　三、构建有利于繁荣中华文化的体制机制，丰富中华民族精神谱系
　　　　 ·· 028

第二章　铸牢中华民族共同体意识的理论基础 030
第一节　马克思主义共同体理论:铸牢中华民族共同体意识的实质内核 030
　　一、马克思主义共同体理论基本概述 031
　　二、马克思主义共同体理论和铸牢中华民族共同体意识的关系探析 034
　　三、马克思主义共同体理论对铸牢中华民族共同体意识的实践启示 037
第二节　中国特色社会主义民族理论:铸牢中华民族共同体意识的经验支撑 039
　　一、中国特色社会主义民族理论基本概述 040
　　二、中国特色社会主义民族理论与铸牢中华民族共同体意识的关系探析 045
　　三、中国特色社会主义民族理论推进铸牢中华民族共同体意识的实践启示 047
第三节　文化自觉理论:铸牢中华民族共同体意识的实践指向 051
　　一、文化自觉理论基本概述 051
　　二、文化自觉理论和铸牢中华民族共同体意识的关系辨析 054
　　三、文化自觉理论对铸牢中华民族共同体意识的实践启示 056

第三章　铸牢中华民族共同体意识的课程基本理念 059
第一节　铸牢中华民族共同体意识的全人取向课程理念 059
　　一、铸牢中华民族共同体意识的全员育人模式 060
　　二、铸牢中华民族共同体意识的全方位育人模式 062
　　三、铸牢中华民族共同体意识的全过程育人模式 064
第二节　铸牢中华民族共同体意识的全面发展课程理念 067
　　一、铸牢中华民族共同体意识全面发展课程理念的根本基点 067
　　二、铸牢中华民族共同体意识全面发展课程理念的内容维度 069
　　三、铸牢中华民族共同体意识全面发展课程理念的内在实质 072

第三节　铸牢中华民族共同体意识的主题统整课程理念 ……………075
　　一、铸牢中华民族共同体意识主题统整的课程内容观 ……………076
　　二、铸牢中华民族共同体意识跨学科实践的课程实施观 …………080
　　三、铸牢中华民族共同体意识可持续发展的课程评价观 …………083

第四章　铸牢中华民族共同体意识的课程教材政策文本分析 ……087
第一节　铸牢中华民族共同体意识的课程教材政策文本定量分析 …088
　　一、概念界定 ………………………………………………………088
　　二、研究方法、研究样本及研究变量 ……………………………089
　　三、研究结果与分析 ………………………………………………091
　　四、研究结论 ………………………………………………………095
第二节　铸牢中华民族共同体意识的课程教材政策文本内容分析 …097
　　一、铸牢中华民族共同体意识的课程教材政策发展脉络 ………097
　　二、铸牢中华民族共同体意识的课程教材政策发展特点 ………101
　　三、铸牢中华民族共同体意识的课程教材政策问题剖析 ………107
　　四、铸牢中华民族共同体意识的课程教材政策改革策略 ………110
第三节　铸牢中华民族共同体意识的课程教材政策文本价值分析 …112
　　一、铸牢中华民族共同体意识的课程教材政策的价值选择 ……113
　　二、铸牢中华民族共同体意识的课程教材政策的价值维度 ……115
　　三、铸牢中华民族共同体意识的课程教材政策的价值实现路径 …119

第五章　铸牢中华民族共同体意识的课程建构 …………………123
第一节　铸牢中华民族共同体意识的课程体系 ……………………125
　　一、铸牢中华民族共同体意识的课程目标 ………………………126
　　二、铸牢中华民族共同体意识的课程性质 ………………………131
　　三、铸牢中华民族共同体意识的课程设置 ………………………134
第二节　铸牢中华民族共同体意识的课程内容 ……………………136
　　一、铸牢中华民族共同体意识的课程内容的选择依据 …………137
　　二、铸牢中华民族共同体意识的课程内容的建设原则 …………138

三、铸牢中华民族共同体意识的课程内容的建设路径 …………143
　第三节　铸牢中华民族共同体意识的课程制度 …………………148
　　一、铸牢中华民族共同体意识的课程制度意蕴 …………………150
　　二、铸牢中华民族共同体意识的课程制度结构 …………………151
　　三、铸牢中华民族共同体意识的课程制度生成 …………………153

第六章　铸牢中华民族共同体意识的教材建设 …………………156
　第一节　铸牢中华民族共同体意识的教材编写 …………………157
　　一、铸牢中华民族共同体意识的教材编写主体 …………………158
　　二、铸牢中华民族共同体意识的教材编写原则 …………………160
　　三、铸牢中华民族共同体意识的教材编写过程 …………………163
　第二节　铸牢中华民族共同体意识的教材审查 …………………165
　　一、铸牢中华民族共同体意识的教材审查主体 …………………165
　　二、铸牢中华民族共同体意识的教材审查标准 …………………167
　　三、铸牢中华民族共同体意识的教材审查程序 …………………169
　第三节　铸牢中华民族共同体意识的教材选用 …………………171
　　一、铸牢中华民族共同体意识的教材选用主体 …………………172
　　二、铸牢中华民族共同体意识的教材选用原则 …………………174
　　三、铸牢中华民族共同体意识的教材选用程序 …………………176
　第四节　铸牢中华民族共同体意识的教材评价 …………………178
　　一、铸牢中华民族共同体意识的教材评价主体 …………………179
　　二、铸牢中华民族共同体意识的教材评价标准 …………………181
　　三、铸牢中华民族共同体意识的教材评价过程 …………………184

参考文献 ………………………………………………………………187

导论

中华民族从历史中走来,是在各民族同胞长期的交流、交往、交融中不断形成的民族复合体,中华民族共同体意识正是在中华文明不断演进的过程中孕育出来的,并深深烙印在每一个中华儿女的血液和头脑中,作为实体的中华民族共同体也经历了一个从自在到自觉到积极主动的演进历程。

从春秋战国的恢复王道、实行周礼到秦朝一统天下,从汉朝"华夷共祖"到南北朝"华夷皆正统",从隋唐大一统的"六合同风,九州共贯"到康乾盛世,从"洛阳家家学胡乐"到"万里羌人尽汉歌",从文成公主进藏到土尔扈特万里东归……各民族得以化约为一体的根由正在于对《易经》智慧的文化认同——"观乎天文,以察时变;观乎人文,以化成天下"。可见,在很长一段时间里中华民族共同体是作为一种自发的社会组织与有机体而存在的。费孝通先生曾指出:"中华民族作为一个自觉的民族实体,是近百年来中国和西方列强对抗中出现的,但作为一个自在的民族实体则是几千年的历史过程所形成的。"[1]中华民族的自觉是随着近代历史的发展而深化的,近代中国以被动挨打的方式唤醒了中华民族的共同体意识,提振了团结一体的意志,唤醒了自强保种的精神。[2]梁启超、李大钊、毛泽东等爱国人士纷纷通过发表文章来唤醒民族意识和中华民族共同体意识,可见,在这一时期中华民族共同体意识开始进入自觉的阶段,由内而外化育出来。不忘历史,才能开辟未来。党的十八大以来,在习近平总书记的带领下,中华民族共同体意识开始进入积极主动自为的阶段,在弄清楚"我们从哪里来"的过程中不断认清我们到底要"走向何方"。习近平总书记指出:"我们从哪里来?我们走向何方?中国到了今天,我无时无刻不提醒自己,要有这样一种历史感。"[3]中华民

---

[1] 费孝通.中华民族多元一体格局(修订本)[M].北京:中央民族大学出版社,1999:3.
[2] 张神根,王临霞.从历史生成到时代价值:铸牢中华民族共同体意识的多重蕴涵[J].北京行政学院学报,2022(3):1-9.
[3] 户华为,靳晓燕.不忘历史才能开辟未来——以正确历史观引领中华民族伟大复兴新航程[N].光明日报,2017-07-14(1).

族共同体意识的历史性建构要在不断创新中开辟新的境界,要在立足时代发展、掌握历史规律、洞察发展大势中把握历史主动。2014年5月,习近平总书记在第二次中央新疆工作座谈会上鲜明提出"中华民族共同体意识"重大论断,铸牢中华民族共同体意识是习近平总书记站在中华民族伟大复兴和世界百年未有之大变局的历史重大关口,审古今之变、察时代之势所作出的重大原创性论断,是新时代民族工作的主线和纲领。铸牢中华民族共同体意识体现了国家意志,是落实国家事权的根本反映。

2019年10月,中共中央办公厅、国务院办公厅印发的《关于全面深入持久开展民族团结进步创建工作铸牢中华民族共同体意识的意见》中深刻指出"中华民族共同体意识是国家统一之基、民族团结之本、精神力量之魂",明确提出"加强中华民族共同体教育"。2021年8月,习近平总书记在中央民族工作会议上强调:"要构建铸牢中华民族共同体意识宣传教育常态化机制,纳入干部教育、党员教育、国民教育体系,搞好社会宣传教育。"当前,有关"铸牢中华民族共同体意识教育"的研究已经成为我国民族教育理论与实践研究的热点问题。通过对已有文献的梳理发现,目前有关铸牢中华民族共同体意识教育的研究主要聚焦在三个方面:一是从学理上探讨铸牢中华民族共同体意识教育的概念内涵与价值意蕴及其和中华民族共同体意识建构与认同的关系[1][2][3],二是从实践层面探讨铸牢中华民族共同体意识的教育路径[4][5][6],三是民族地区及高校铸牢中华民族共同体

---

[1] 赵心愚.教育视域下的铸牢中华民族共同体意识[J].民族学刊,2021,12(2):1-8,92.
[2] 王稳东.铸牢中华民族共同体意识的教育机理及其实现[J].西北师大学报(社会科学版),2021,58(5):67-74.
[3] 詹小美,张梦媛.意蕴·赋意·举措:铸牢中华民族共同体意识的教育实践[J].云南社会科学,2021(6):25-31.
[4] 普丽春,肖李,赵伦娜.民族地区义务教育铸牢中华民族共同体意识的实践与反思[J].贵州民族研究,2022,43(4):197-202.
[5] 夏文贵,秦秋玲.国家通用语言文字教育:铸牢中华民族共同体意识的一项基础性工程[J].贵州大学学报(社会科学版),2022,40(4):42-49.
[6] 邓文勇,李广海.社区教育在铸牢中华民族共同体意识中的价值及其实现[J].民族教育研究,2022,33(3):40-47.

意识教育的相关研究[1][2][3]。课程教材是教育的重要载体,发挥着育人育才的关键作用。习近平总书记也曾多次强调,课程教材要发挥培根铸魂、启智增慧的作用。目前关于铸牢中华民族共同体意识的课程教材研究相对较少,且鲜有的研究也仅仅局限在探讨如何把铸牢中华民族共同体意识融入各类别课程中,未从课程教材建设的理论与实践的视角探讨铸牢中华民族共同体意识的教育价值体系、理论根基、课程理念等。有鉴于此,本书从课程教材建设逻辑探讨铸牢中华民族共同体意识教育,旨在为铸牢中华民族共同体意识教育的理论与实践贡献绵薄之力,推动铸牢中华民族共同体意识教育的落实落细。

第一章"铸牢中华民族共同体意识教育的价值意蕴",从铸魂育人、培育中华民族精神及增强中华文化认同三个方面探讨了铸牢中华民族共同体意识的教育价值体系。首先,铸魂育人是最根本的目标,铸牢中华民族共同体意识的教育初心就是要聚焦铸魂育人,使亿万青少年牢固树立拥护中国共产党的领导和中国特色社会主义制度的思想,铸牢中华民族共同体意识的教育既是祖国境内各民族实现团结稳定与繁荣发展的现实需求,也关乎中华民族伟大复兴中国梦的实现。基于此,铸牢中华民族共同体意识的教育要坚持贯彻党的教育方针、坚持党的全面领导和推动民族教育高质量发展。其次,民族精神是民族文化中的精中之精、优中之优,没有民族精神的支撑,中华民族就失去了民族内核、精髓、灵魂的品格和特征。弘扬和培育中华民族精神,是推动中华民族繁荣昌盛的强大内在精神动力,是实现中华民族伟大复兴的必然要求,因此,铸牢中华民族共同体意识教育必须要以培育和弘扬中华民族精神为重点,将中华民族精神培育纳入国民教育和精神文明教育的全过程。最后,文化认同是最深层次的认同,是民族团结之根、民族和睦之魂。铸牢中华民族共同体意识的教育决心就是要增强亿万青少年对中华优秀传统文化的认同感,从小就在他们心中播下中华优秀传统

---

[1] 李雪峰.民族高校学生"铸牢中华民族共同体意识"教育实践研究——以甘肃省民族高校为例[D].兰州:西北民族大学,2022.
[2] 德吉白珍.铸牢西藏高校大学生中华民族共同体意识教育的长效机制研究[D].拉萨:西藏大学,2021.
[3] 李海鹏.民族院校深化铸牢中华民族共同体意识教育的思考[J].民族大家庭,2021(1):74-76.

文化的种子,涵养文化认同,坚定文化自信,实现文化自觉。因此,要甄别和筛选中华传统文化并加以创造性转化和创新性发展,构建有利于繁荣中华文化的体制机制,进而丰富中华民族精神谱系。

第二章"铸牢中华民族共同体意识的理论基础",从马克思主义共同体理论、中国特色社会主义民族理论及文化自觉理论出发,探讨了铸牢中华民族共同体意识的理论基础,分析了这些理论的内涵及性质,吸收其理论营养,为铸牢中华民族共同体意识提供理论证据,确立其理论思想与内涵。其一,马克思主义共同体理论运用唯物史观,分析并揭示了共同体及其与个体共同发展演变的历史事实与基本规律:由为解除生存威胁、获得稳定食物来源的"自然共同体"向为遮掩阶级压迫与普遍剥削而构建的"虚幻共同体"发展,最后逐渐转向人人平等,自由、全面发展的"真正共同体"。这在一定程度上契合了中华民族共同体"自在、自觉、自为"的发生发展过程,可以说,铸牢中华民族共同体意识正是马克思主义共同体理论的实践产物。中华民族共同体已超越了一般意义上的共同体类型及其价值要求,它赋予了马克思主义共同体理论鲜明的时代性。具体而言,与马克思强调的"暴力推翻国家"、推翻资产阶级剥削压迫等思想不同,铸牢中华民族共同体意识强调"爱国",强调对伟大祖国的认同,强调对中国共产党的认同,这更贴近中国国情与中国历史文化,充分体现了中国特色。此外,马克思主义共同体理论的重要内核对铸牢中华民族共同体意识还具有重要的启示意义。第一,定位铸牢中华民族共同体意识的发展阶段。结合"自然共同体—虚幻共同体—真正共同体"的发展过程以及当下国际局势、中国发展表现来判断,显然,中华民族共同体处在虚幻共同体不断走向衰落、真正共同体正逐步实现的过渡阶段。第二,把握铸牢中华民族共同体意识的发展方向。"真正共同体"是社会发展理论探索的重要内容,亦是马克思主义的根本价值追求。因此,铸牢中华民族共同体意识要将实现各民族自由、全面发展作为工作的出发点和落脚点,这不仅顺应了时代的发展,而且能激励各民族自觉维护中华民族共同体,促进中国的团结统一,长治久安。第三,明晰铸牢中华民族共同体意识的发展任务。马克思提出,打破虚幻共同体,成为真正共同体需要达到发达的生产力水平并建立普遍交往,因此,铸牢中华民族共同体意识离不开各民族生产力水平的提高以及各民族间交流合作的加强。其二,在党的领导下,伴随中国社会发展逐渐形成的中国特色社会主义民族理论,为铸牢中华民族共同体意识的提出与发展提供了丰富的经验支撑、理论依据和历史基础。作为中国特色社会主义民族理论的主要内容,中华民族多元一体理论为建设中华民族共同体意识提供了结构性基础;民族区域自治作为中国特色解决民族问题的正确道路,为铸牢中华民族共同体意识提供了重要的制度支持;民族团结进步教育理论则是铸牢中华民族共同体意识的路径支撑;民族平等理论作为中国这个多民族国家处理民族关系和民族问题最为基本的原则,是铸牢中华民族共同体意识的重要基石。而铸牢中华民族共同体意识作为中国特色社会主义民族理论在新时代的新阐释,创新性地体现了新时代对民族平等、民族团结进步、民族繁荣发展的新要求。其三,文化自觉理论是对文化发展规律的深刻把握,其核心内容可以概括为"文化认同""文化比较""文化反思""文化创新"。为推动五十六个民族的公平、可持续发展,为助力中华民族伟大复兴,文化自觉思想从理论层面提出了不同文化的相处之道,这天然地与铸牢中华民族共同体意识相匹配。铸牢中华民族共同体意识不只是关注每个少数民族的文化发展或是少数民族之间的文化和谐发展,它还关注整个中华民族文化在全球多元文化的今天如何走出特色之路的问题。因此,正确把握中华民族共同体意识和各民族意识的关系,正确把握中华文化和各民族文化的关系是题中之义。此外,文化自觉理论为多民族文化的相处、发展提供了可资参考之径,这对铸牢中华民族共同体意识也具有重要的启示意义。第一,树立铸牢中华民族共同体意识的主体地位。文化自觉突出强调文化主体的能动性和主动性,这要求文化主体积极主动了解、认识、认同本民族文化,要由自身民族共同体来建构其文化的价值和意义,这样才有利于凝聚民族情感,汇聚民族力量。当民族身份、民族文化由域外民族、国家定义时,本民族则会丧失话语权,丢失民族精神内核,逐渐沦为其他民族的附属群体。第二,提供铸牢中华民族共同体意识的方法原则。文化自觉理论内蕴"各美其美、美人之美、美美与共、天下大同"之境界。结合铸牢中华民族共同体意识具体情况来看,"各美其美"是指五十六个民族都要认同、欣赏和热爱自己的民族文化,要对民族文化满怀骄傲和自豪,充满自信;"美人之美"就是在欣赏本民族文化的同时,对其他民族文化做到一视同仁、平等看待,要尊重、理解各具特色的民族文化;"美美与共"既是各民族文化的相处方式,又是各民族文化的价值追求;"天下大同"将文化相处之道从一国民族推向全世界民族,这是从更高、更广的角度来看待世界民族文化的和谐发展,这体现出中国传统哲学中建立"大同社会"的最高理想,也是铸牢中华民族共同体意识的最终目标。

　　第三章"铸牢中华民族共同体意识的课程基本理念"。当前,"铸牢中华民族共同体意识"已成为关系到新时期中华民族前途命运的重大战略与现实命题,教育在其中发挥着基础性作用。其中课程是贯彻落实这一时代使命的重要载体,为此应当遵循"全人取向""全面发展"和"主题统整"这三个课程基本理念。首先,党的十八大以来习近平总书记提出了铸牢中华民族共同体意识的民族工作的重要论述与新战略,教育界也在党的领导下在实践中不断完善与改进铸牢中华民族共同体意识的教育工作。为此,应从"全员""全方位""全过程"的角度构建铸牢中华民族共同体意识"三全育人"模式,坚持"全人取向"的课程理念。其次,人的全面发展理论是马克思人学理论的核心。马克思认为,人的本质不是单个人所固有的抽象物,在其现实性上,它是一切社会关系的总和。人的全面发展是人作为一个完整的人,以全面的方式占有自己的全面的本质。[1]它是一个社会历史过程,是人发展的理想境界,既规定着未来社会的理想形式,也阐释了关于人的终极理想目标与应然状态。[2]全面发展中的"人"并非抽象的、孤立的个体,而是具体的、现实的,置于历史进程及社会生产中的人,且人的全面发展既指向个体人的发展,也包含人类总体的发展。中华民族共同体意识是指中国各民族

---

[1] 马克思. 1844年经济学哲学手稿[M].中共中央马克思恩格斯列宁斯大林著作编译局,编译. 北京:人民出版社,2014:81.

[2] 杨阳.基于人的全面发展的学校课程体系构建研究[D].西安:陕西师范大学,2020.

在历史演进、现实实践中形成的共同精神认知、心理意识和价值认同。[1]这既包含各民族的自身发展,也包括各民族的总体发展,人的发展离不开社会的发展,亦离不开各民族的发展,各民族的发展是人的发展的外部动力与导向。在中国要实现人的全面发展,必然要在铸牢中华民族共同体意识过程中,坚持全面发展的课程理念。最后,主题统整课程理念强调将具有内在关联或逻辑的主题进行有效的整合,改变以往的单一学科课程教学方式。中华民族共同体意识的生成离不开中华优秀传统文化,但需要根据学生发展和认知水平的程度对这些文化进行筛选,因此,合理选择课程内容,坚持主题统整的课程内容观,也是在课程中引导学生铸牢中华民族共同体意识的关键所在。此外,跨学科实践基础上的课程实施观,实质上是在学科方向把控下对中华民族共同体意识课程内容的统整,培养学生对中华民族共同体的价值认知,不断增进其对中华优秀传统文化、伟大祖国、各民族共同繁荣等的认同。同时,课程评价是一个持续开展的、复杂的动态过程,需要将本体论和方法论统整起来进行观照。铸牢中华民族共同体意识是一个持续性的过程,评价是课程的指挥棒,从中华民族共同体意识生成的过程来看,必须坚持可持续发展的课程评价观。

第四章"铸牢中华民族共同体意识的课程教材政策文本分析",通过对新中国成立以来国家层面的铸牢中华民族共同体意识的政策文本进行系统的定量分析,力图从宏观层面把握我国铸牢中华民族共同体意识教育政策文本发展的一些基本特点,以期丰富我们对铸牢中华民族共同体意识政策的基本认知。通过对铸牢中华民族共同体意识的政策文本的内容分析可以发现,铸牢中华民族共同体意识的政策文本还存在着目标不清、对象不明、法理模糊和路径凌乱等问题。因此,铸牢中华民族共同体意识政策的完善可以从政策目标的明确制定、对象的完整规范、政策的"专门生产"以及政策文本的综合配套四个方面着手。通过对铸牢中华民族共同体意识政策文本的价值分析发现,可以从理念变革、制度创新和政策完善三个维度出发促进铸牢中华民族共同体意识的政策价值的实

---

[1] 卢晓莉.铸牢中华民族共同体意识的三重维度[J].边疆经济与文化,2022(9):81-84.

现。首先,为了保证铸牢中华民族共同体意识教育政策制定和实施的有效性,政策制定者和实施者应坚持中国式民族主义的价值取向,全面贯彻党的教育方针和民族理论与政策,落实立德树人根本任务,坚持以社会主义核心价值观为引领,注重把铸牢中华民族共同体意识融入课程教材,引导各族师生牢固树立正确的国家观、历史观、民族观、文化观、宗教观。其次,铸牢中华民族共同体意识价值目标的实现,还需要不断推动整个教育机制综合配套制度的完善。最后,随着社会发展速度的日益加快和社会生活的日益复杂化,单纯依靠转变课程观念、加强配套制度建设来实施是不够的,还需要通过完善课程政策本身来促进铸牢中华民族共同体意识。因此,在教育政策制定过程中,要充分考虑政策本身的科学化、理想化、制度化和民主化,以实现教育政策的完善发展,进而促进教育政策的有效执行。

第五章"铸牢中华民族共同体意识的课程建构",首先,分析了铸牢中华民族共同体意识课程的性质,认为铸牢中华民族共同体意识课程是一种课程新形态,它进行的是全方位、全过程、全学段的教育,它融于各类课程、贯穿于学生的大中小幼各个学段,可以说是学校思政课程的重要组成部分。其次,讨论了该课程的设置,认为通过该课程的设置可以透视学校的教育理念、政治站位、铸牢中华民族共同体意识的使命感及统筹规划的能力。铸牢中华民族共同体意识课程应紧紧围绕该课程的目标体系,进行科学合理的课程设置,全面促成各学段课程目标的实现。各大中小幼学校要优化铸牢中华民族共同体意识的课程设置,全力促进各学段铸牢中华民族共同体意识的课程目标由文本走向实践。根据学生的发展规律、学校的育人理念及现有的资源,科学设置课程,提高铸牢中华民族共同体意识教育的成效。再次,指出铸牢中华民族共同体意识课程,应认真领会《义务教育课程方案和课程标准(2022年版)》的精神,细化育人目标,明确实施要求,增强课程指导性和可操作性。在不同学段的目标设置上遵循一体化原则,彰显其阶段性、进阶性、过程性、螺旋上升性。确定学校教育在不同阶段铸牢中华民族共同体意识的工作重心,并由浅入深、由表及里、由体验到行动,循序渐进地开展教育活动。铸牢中华民族共同体意识教育应基于学生的心理发展逻辑,始于幼儿阶段,贯穿于幼儿园、小学、初中、高中和大学各个学段。引导各民族学生树立正确的国家观、历史观、民族观、文化观、宗教观,增强学生的"五个认同"意识。其中,在学前至小学阶段,启蒙共同体意识、涵养爱国情感,使中华民族共同体意识入脑;在中学阶段,增强共同体意识、促进共同体认同,使中华民族共同体意识入心;在大学阶段,树立价值理性、开展共同体实践,使中华民族共同体意识入行,实现知行合一。最后,为保障铸牢中华民族共同体意识教育的真切落实,将铸牢中华民族共同体意识教育制度化,用制度手段保障其在全国大中小幼学校落地实施,实现铸牢中华民族共同体意识教育对全国各类学生的全面覆盖,塑造真正的、囊括五十六个民族的中华民族共同体,为中国式现代化的实现储备坚实的人才基础。

第六章"铸牢中华民族共同体意识的教材建设",从建立新的教材编审选评机制的视角,分析了促进铸牢中华民族共同体意识,落实国家事权,培育堪当民族复兴重任、建设中国特色社会主义伟大事业的时代新人的路径。首先,从编写主体、编写依据及编写过程三个方面分析了铸牢中华民族共同体意识的教材编写机制,说明教材的编写主体及要求,指出教材编写的思想依据、内容依据、时代依据、方法依据,阐述从准备到定稿的编写过程。其次,介绍了铸牢中华民族共同体意识的教材审查机制,阐明教材的审查主体及考量要素,提出教材审查的思想性、科学性和教学性标准,阐释公正公开、合法合理、多元民主原则指导下的教材审查过程,保证教材审查的严肃性、权威性。再次,从主体、原则、程序多方位剖析了铸牢中华民族共同体意识的教材选用机制,讲明教材的选用主体及职权,简述教材选用的思想性、完整性、适切性原则及从规划准备到追踪与评价的选用程序,力求选用适应不同学生发展需求的教材。最后,建构了铸牢中华民族共同体意识的教材评价机制,详述教材评价的多方主体,论说教材评价的思想性标准、知识能力标准、文化传承与创新标准和教学性标准,并在明确评价目的的基础上阐述教材的评价流程,指出铸牢中华民族共同体意识课程教材的质量提升方向和途径。

铸牢中华民族共同体意识是马克思主义民族理论发展创新的必然要求。新时代，我们要以铸牢中华民族共同体意识作为民族工作的主线和纲领，加强铸牢中华民族共同体意识的课程教材研究是落实国家事权的根本反映。本书是对铸牢中华民族共同体意识课程教材相关研究问题的探索和理论性思考，希冀更多的研究者参与到铸牢中华民族共同体意识的课程教材研究中，为更好地开展铸牢中华民族共同体意识教育建言献策，让休戚与共、荣辱与共、生死与共、命运与共的共同体理念深深扎根于各族人民心中。

第一章

铸牢中华民族共同体意识教育的价值意蕴

在2021年中央民族工作会议上,习近平总书记旗帜鲜明地指出"必须以铸牢中华民族共同体意识为新时代党的民族工作的主线","不断推进中华民族共同体建设",并强调"铸牢中华民族共同体意识是新时代党的民族工作的'纲',所有工作要向此聚焦"。2022年10月16日,习近平总书记在党的二十大报告中指出"以铸牢中华民族共同体意识为主线,坚定不移走中国特色解决民族问题的正确道路,坚持和完善民族区域自治制度,加强和改进党的民族工作,全面推进民族团结进步事业"。铸牢亿万青少年学生的中华民族共同体意识是落实立德树人根本任务的时代诉求,而教育与中华民族共同体意识的建构与认同之间存在密切的关系。因为铸牢中华民族共同体意识是一种后天实践生成的产物,而从个体社会认知结构的形成及其行动的自觉来看,铸牢中华民族共同体意识离不开教育的支持。通过教育的文化选择功能,能有意识和系统性地将标识中华民族共同体存在的各类要素依据其内在逻辑关系构成进行科学设计,并能根据受教育者的身心发展规律、认知发展水平以及道德发展阶段来有序地开展教育实践,进而能在其知行不断发生变化的过程中促使中华民族共同体意识的实践化。[1]

本章将探讨铸牢中华民族共同体意识教育铸魂育人、培育中华民族精神及增强中华文化认同的价值意蕴,指出铸牢中华民族共同体意识教育的重要途径与关键所在。

---

[1] 王稳东.铸牢中华民族共同体意识的教育机理及其实现[J].西北师大学报(社会科学版),2021,58(5):67-74.

第一节　聚焦铸魂育人：
铸牢中华民族共同体意识教育的初心

2019年3月，习近平总书记在学校思想政治理论课教师座谈会上提出要"用新时代中国特色社会主义思想铸魂育人"，为新时代中国特色社会主义教育事业，特别是各级各类学校与时俱进落实立德树人根本任务指明了方向。用习近平新时代中国特色社会主义思想铸魂育人，是培养担当民族复兴大任的时代新人的内在诉求。教育是一种关涉人的培养的价值引导实践，不仅仅关涉培养什么样的人，而且关涉在一定的社会和国家背景下，培养的人是涵养家国情怀和民族精神的人，是具有国家认同、民族共同体认同与政党认同的人。铸牢中华民族共同体意识也是一种价值引导实践活动，是凝聚中华民族每个个体的价值引导实践活动，目的在于凝聚个体的人对于中华民族的价值认同和精神凝聚以及向心力。[1]基于此，铸牢中华民族共同体意识教育就是要聚焦铸魂育人，坚持贯彻党的教育方针，坚持党的全面领导和以推动民族教育工作高质量发展为核心，使得亿万青少年学生牢固树立拥护中国共产党的领导和中国特色社会主义制度的思想。铸牢中华民族共同体意识教育既是祖国境内各民族实现团结稳定与繁荣发展的现实需求，也关乎中华民族伟大复兴中国梦的实现。

一、坚持贯彻党的教育方针

党的教育方针是教育事业发展总指针，是教育工作的根本遵循，是党和国家根据社会发展和人的全面发展需要，在一定历史阶段提出的具有全局性、方向性、战略性的教育工作的指导思想、根本方针和行动纲领，是党和国家教育工作发展的总方向，是教育基本政策的总概括。[2]中国共产党成立一百余年来，党的

---

[1] 程玄皓,高军.教育是"铸牢中华民族共同体意识"的关键所在：理论阐释与实践之思[J].宁夏师范学院学报,2022,43(8):14-19.
[2] 翟博.新时代党的教育方针理论创新与重要经验[J].人民教育,2022(11):6-12.

教育方针围绕党的方针、路线、纲领、政策等重要内容,顺应时代发展诉求,不断调整、发展和演进,经历了一个迭代更新的历史过程。立足新发展阶段、新发展格局和新发展理念,在百年未有之大变局形势下,习近平总书记围绕"培养什么人、怎样培养人、为谁培养人"这一最具战略决定性意义的根本问题,全面系统地提出了新时代党的教育方针的总要求,明确了新时代我国社会主义教育事业的总方向。为服务于中华民族伟大复兴战略全局,应对世界百年未有之大变局,作为新时代民族工作主线的铸牢中华民族共同体意识,其教育必须要全面贯彻党的教育方针,把握我国社会发展和人的全面发展要求。进而言之,铸牢中华民族共同体意识教育要深刻领悟新时代党的教育方针的根本要求,要坚持以马克思主义作为铸牢中华民族共同体意识教育事业的根本指导思想,贯彻习近平新时代中国特色社会主义思想。"培养什么人、怎样培养人、为谁培养人"是铸牢中华民族共同体意识教育、全面贯彻党的教育方针必须回答的根本性问题。首先,"培养什么人"是铸牢中华民族共同体意识教育最基础、最首要的问题,体现了新时代党的教育方针的政治特性。以铸牢中华民族共同体意识为主线,在培养各民族学生树立正确的世界观、人生观、价值观的基础上,探索形成了以马克思主义为指导、服从国家最高利益和民族整体利益、服务国家战略和民族团结进步事业的马克思主义祖国观、民族观、宗教观的教育模式,构建具有民族高等教育特色的"新六观"教育。[①]进而增强学生的国家意识、公民意识、法治意识,培育家国情怀,积极投身于国家的民族事业和五十六个民族共同繁荣、共同发展的伟大实践,成长为德智体美劳全面发展的社会主义建设者和接班人。其次,"怎样培养人"是铸牢中华民族共同体意识教育最根本的途径,体现了新时代党的教育方针的实践要求。在全国教育大会上习近平总书记提出要"坚持扎根中国大地办教育"。新时代党的教育方针明确提出"教育必须与生产劳动和社会实践相结合",指明了人才培养的基本途径。有研究者指出教育实践主体需要创设有助于受教育者自主行动的教育情境,以社会行动的持续激发促使中华民族共同体的记忆

---

① 徐爽,黄泰博.铸牢中华民族共同体意识与民族高校课程体系改革[J].民族教育研究,2022,33(1):64-70.

在其社会认知结构中的主动建构,且在社会行动中实现中华民族共同体意识的持续建构,进而能够在知与行的辩证转化中增强对中华民族的认同。[①]铸牢中华民族共同体意识教育需要借助社会化、生活化、情境化的实践活动,促使学生在知情意行等方面增强对中华民族共同体的认同和理解。最后,"为谁培养人"是铸牢中华民族共同体意识教育最根本的目的,体现了新时代党的教育方针的精神内涵。中华人民共和国成立以来,我国教育方针顺应时代要求不断修正和完善,新时代党的教育方针在根本宗旨上明确提出"教育必须为社会主义现代化建设服务、为人民服务"。鉴于此,为社会主义现代化建设服务、为人民服务是铸牢中华民族共同体意识教育的重要任务,必须准确把握和服务于新时代党的民族工作,必须自觉服从和服务于社会主义现代化建设中党的民族核心事业,增强学生对伟大祖国、中华民族、中华文化、中国共产党、中国特色社会主义的认同,全面适应现代化建设对各类人才的需求,全面推动民族教育事业的发展。此外,为人民服务是铸牢中华民族共同体意识教育的根本宗旨,教育要为人民服务是社会主义教育的本质要求,要不断满足人民群众对优质教育的需求,因此以人民为中心开展铸牢中华民族共同体意识教育,要关注个体差异,即尊重个性特点和独特的民族属性,在维护国家统一、民族团结和为人民服务的基础上铸牢每一个人的中华民族共同体意识。

二、坚持党的全面领导

中国共产党是我国现代化事业的领导核心,中国共产党的领导是中国特色社会主义最本质的特征,是中国特色社会主义制度的最大优势,"中国共产党的领导是中国成就的根本原因",坚持和加强党的全面领导是做好民族工作的重要保证,也是巩固民族团结、实现中华民族伟大复兴中国梦的根本保证。立足主体性视域,"铸牢中华民族共同体意识"从本质上看属于国家的认同建构范畴,是中

---

① 王稳东.铸牢中华民族共同体意识的教育机理及其实现[J].西北师大学报(社会科学版),2021,58(5):67-74.

华民族主体性得以发挥的根本途径。①然而中华民族从自在走向自觉的过程就是共同体意识萌芽、不断发展和确立的过程,也是五十六个民族共同构建中华民族认同的过程。正是因为中国共产党作为无产阶级的先锋队,在中华民族走向自立、自强的过程中起到了关键的领导作用和组织作用,所以铸牢中华民族共同体意识在维护各民族根本利益、实现中华民族伟大复兴、巩固和发展平等团结互助和谐的社会主义民族关系的过程中必须坚持中国共产党的领导,完善党的各项制度,全面加强和改进中国共产党的建设,不断提高中国共产党在民族团结进步事业上的创造力、凝聚力和战斗力。2014年,中央民族工作会议暨国务院第六次全国民族团结进步表彰大会强调:"做好民族工作关键在党、关键在人。只要我们牢牢坚持中国共产党的领导,就没有任何人任何政治势力可以挑拨我们的民族关系,我们的民族团结统一在政治上就是有充分保障的。"2014年,在第二次中央新疆工作座谈会上,习近平总书记指出:"做好新疆工作,关键是要发挥党总揽全局、协调各方的领导核心作用,全面加强和改进党的建设,为新疆社会稳定和长治久安提供坚强政治保证。"2015年,在中央第六次西藏工作座谈会上,习近平总书记指出:"做好西藏工作,必须坚持党的领导,全面加强党的建设,着力建设好各级领导班子、干部人才队伍、基层组织,不断提高党的创造力、凝聚力、战斗力。"2021年,中央民族工作会议上,习近平总书记进一步指出,要"把党的领导贯穿民族工作全过程,形成党委统一领导、政府依法管理、统战部门牵头协调、民族工作部门履职尽责、各部门通力合作、全社会共同参与的新时代党的民族工作格局"。坚持中国共产党对民族事业的全面领导是我国民族团结进步事业的重要经验。

  基于此,坚持中国共产党对铸牢中华民族共同体意识教育事业的全面领导,其科学内涵要义在"全面",关键之举在"领导",要体现到民族教育改革发展的各个方面,确保中国共产党领导的坚强有力。其一,中国共产党领导铸牢中华民族共同体意识教育内容的全面性。党在铸牢中华民族共同体意识教育事业中的领

---

① 赵文心,何虎生.主体性视域下铸牢中华民族共同体意识的内在要求[J].民族教育研究,2021,32(4):42-49.

导作用体现在教育目标、教育内容、教师实施途径、教育评价等各个方面,是一个系统的整体。其二,中国共产党领导铸牢中华民族共同体意识教育范围的全覆盖。虽然我国在世界上不是民族数量最多的国家,但是在这样一个人口数量庞大,具有全世界最大规模教育体系的国家,要加强铸牢中华民族共同体意识教育实属不易。要加强党对民族教育事业的全面领导,就不仅要加强党对基础教育、中等教育、高等教育、特殊教育、职业教育等铸牢中华民族共同体意识教育的全面领导,还要加强党对民办学校和中外合作办学院校等主体的铸牢中华民族共同体意识教育的领导和指导,并将其纳入民族教育工作的整体布局。要把中国共产党的教育组织体系建强,把党的民族教育工作抓实,积极探索各级各类教育中党组织发挥铸牢中华民族共同体意识教育核心作用的有效途径,确保中国共产党的领导在民族教育事业中的全覆盖。其三,中国共产党领导铸牢中华民族共同体意识教育体系的全方位。党对铸牢中华民族共同体意识教育事业的全面领导不是一个标签,而是融入民族教育改革与发展的全方位运行体系。在学校治理体系建设上,要不断健全各级各类学校坚持和加强党对民族教育领导的组织体系、制度体系和工作机制。在教育教学上,要建立铸牢中华民族共同体意识教育的学科体系、教学体系、课程体系和教材体系。在人才培养方面,要基于学生的成长规律和民族教育的育人规律,帮助学生扣好人生第一粒扣子,引导各族学生的思想认识和行为都能自觉地统一到党和国家的要求上来,增进其对中华民族的认同和对历史、文化的了解,促进五十六个民族优秀传统文化的相互交流、继承和发扬,促进各民族共同团结奋斗、共同繁荣发展,更好地完成习近平总书记在党的二十大报告中强调的"中国共产党的中心任务就是团结带领全国各族人民全面建成社会主义现代化强国、实现第二个百年奋斗目标,以中国式现代化全面推进中华民族伟大复兴"这一根本任务。

三、推动新时代党的民族教育高质量发展

党的十九届五中全会通过的《中共中央关于制定国民经济和社会发展第十四个五年规划和二〇三五年远景目标的建议》明确了"建设高质量教育体系"的

政策导向和重点要求。高质量教育体系是指能够满足人民群众日益增长需要的更高质量、更加公平、更有效率、体系更加完备、更加丰富多样、更可持续发展、更为安全可靠的教育体系。①民族教育作为高质量教育体系的重要组成部分,其发展程度与水平直接关乎我国高质量教育事业的发展和教育现代化的进程。鉴于此,新时代民族教育必须以高质量发展为主题,因时而进、因势而新、因地制宜,谋划和明确新阶段奋进的主攻方向和着力点,努力提高民族地区教育质量和水平。②那么,各级各类学校开展铸牢中华民族共同体意识教育,就要以民族教育高质量发展为核心,因为这是推动新时代党的民族工作高质量发展的必然要求。

其一,铸牢中华民族共同体意识教育要以增强五十六个民族的凝聚力为目标。在2019年民族团结进步表彰大会上,习近平总书记明确指出:"我们伟大的祖国,幅员辽阔,文明悠久,中华民族多元一体是先人们留给我们的丰厚遗产,也是我国发展的巨大优势""我们辽阔的疆域是各民族共同开拓的""我们悠久的历史是各民族共同书写的""我们灿烂的文化是各民族共同创造的""我们伟大的精神是各民族共同培育的"。在中华民族伟大复兴的道路上,各族人民要树立休戚与共、荣辱与共、生死与共、命运与共的共同体理念,要增强五十六个民族的凝聚力和引领力,要像石榴籽一样紧紧拥抱在一起,你中有我,我中有你,抱团取暖,实现共同发展、共同进步、共同繁荣、共同富裕。其二,铸牢中华民族共同体意识教育要激活五十六个民族内生发展力。我国五十六个民族拥有各自的文化特色,蒙古族有自己的新年、藏族有特别的女儿节、拉祜族有自己的火把节,等等。因此,教育要传承民族地区优秀的传统文化,应当从民族教育层次结构、民族教育类型结构和民族教育专业设置三个方面,推动民族教育结构性改革与创新,增强民族教育体系建设的内发力。③进而言之,铸牢中华民族共同体意识教育要以地域文化为逻辑起点,在文化传承中实现各美其美,美美与共,进而增强各民族教育的内生动力,推动民族教育事业高质量发展。其三,铸牢中华民族共同体意识教育要以健全和提升五十六个民族教育治理体系和治理能力为旨归。民族教

---

① 周洪宇,李宇阳.论建设高质量教育体系[J].现代教育管理,2022(1):1-13.
② 王建.推动民族教育事业高质量发展[J].中国民族教育,2021(2):1.
③ 杨秀芹,徐叶颖.建设高质量民族教育体系的五个着力点[J].中国民族教育,2021(2):15-18.

育治理体系和治理能力关乎我国教育治理体系现代化水平,民族教育体系建设肩负社会责任和教育责任,应当积极有效地推进民族地区政府治理能力的现代化,在提高人才培养质量的同时推动社会进步和经济发展。[1]民族地区教育治理体系要明确谁来治理、治理什么、怎么治理三个根本性问题。首先,民族地区教育治理主体是由多个民族构成的,存在文化差异、文化复杂等问题,在治理过程中要以政府为主导,鼓励各主体部门主动参与,调动人民群众的积极性,形成人人都是治理主体的格局,进而形成民族教育治理共同体。其次,民族地区教育治理内容包括解决民族地区发展不均衡、不充分问题以及民族地区教育发展与生产经济发展不适应问题。最后,民族地区教育治理在举措上首先要形成涵盖法律法规、学校章程和规章制度的制度体系,同时,民族地区教育政策法规制定和执行要充分考虑民族教育的特殊性和民族文化的融合性。[2]另外,人是教育治理的主体,因此民族地区教育治理要把以人为本作为治理的根本原则,把握弹性治理原则,即针对民族地区特殊环境采取"弹性"系数予以人性化管理,在考核上采取差异化评价,进而体现民族地区教育的弹性治理旨趣。

综上,在新形势下办好铸牢中华民族共同体意识教育,必须坚持社会主义办学方向、坚持贯彻党的教育方针、坚持党的全面领导,以推动民族教育高质量发展为核心,建立健全各级各类学校民族教育工作领导机制和制度体系,全面加强各级各类学校思想政治工作和意识形态领域阵地建设,用习近平新时代中国特色社会主义思想铸魂育人,完善铸牢中华民族共同体意识教育常态化机制,全面铸牢各族师生的中华民族共同体意识。

---

[1] 杨秀芹,徐叶颖.建设高质量民族教育体系的五个着力点[J].中国民族教育,2021(2):15-18.
[2] 汤书波.教育现代化2035:民族教育的理性思考与实践路径[J].现代远距离教育,2019(4):56-67.

第二节　培育中华民族精神：
铸牢中华民族共同体意识教育的重心

"民族精神"这一概念诞生于18世纪的德意志文化民族主义思潮,由于法兰西文化的不断入侵,为了捍卫本民族的固有文化,德意志知识分子提出了"民族精神"。18世纪的法国哲学家孟德斯鸠在《论法的精神》中提出,人类受到多种事物的支配,气候、宗教、法律、施政准则、先例、风俗习惯,结果就在这里形成了一种一般的精神。而后,德国哲学家赫尔德真正提出了"民族精神"的概念,他认为民族精神是一个国家或民族历史进程的核心,是生活在一个特殊团体中的人因其种族、地理条件、历史传统,因享有共同的语言、教育、方式、制度及文学艺术而形成并代代相传的集体精神,它是文化的内核,是在人类与外部环境相互作用中产生的。每一种文明都有自己独特的精神——它的民族精神。这种精神创造一切,理解一切。在我国,"民族精神"这一概念在1899年梁启超发表的文章《中国魂安在乎》中最早得到了关注,梁启超运用了"国性""根本之精神""国民之元气""国民之精神""民族的活精神""国民之特性"等指代中华民族精神。1904年,留日学生刊物《江苏》发表佚名文章《民族精神论》,指出:"民族之倏而盛倏而衰,回环反复兴废靡常者,皆其精神之强弱为之也。"这是我国首次运用"民族精神"这一词组。民族精神是民族文化中的精中之精、优中之优,没有民族精神的支撑,中华民族就失去了民族内核、精髓、灵魂的品格和特征。在五千多年的历史长河中,中华民族在开发建设祖国大好河山、创造灿烂的中华文明的同时,形成了以爱国主义为核心的团结统一、爱好和平、勤劳勇敢、自强不息的伟大民族精神。[1]弘扬和培育中华民族精神,是推动中华民族繁荣昌盛的强大内在精神动力,是实现中华民族伟大复兴的必然要求。鉴于此,铸牢中华民族共同体意识教育必须要以培育和弘扬中华民族精神为重点,将中华民族精神培育纳入国民教育和精神文明教育的全过程。

---

[1] 吴潜涛.论弘扬和培育民族精神[J].求是,2003(19):42-45.

一、弘扬爱国主义精神

"利于国者爱之,害于国者恶之。"爱国,是人世间最深层、最持久的情感。孙中山先生曾说:"做人最大的事情,就是要知道怎样爱国。"党的十八大以来,习近平总书记在多个场合号召要大力弘扬伟大爱国主义精神,强调要让爱国主义成为每一个中国人的坚定信念和精神依靠。习近平总书记指出:"我国爱国主义始终围绕着实现民族富强、人民幸福而发展,最终汇流于中国特色社会主义。祖国的命运和党的命运、社会主义的命运是密不可分的。"爱国主义精神是中华民族精神的核心和灵魂,它滋养了民族精神的生成。爱国主义是民族精神的集中体现,弘扬民族精神最重要的是坚持爱国主义,但坚持爱国主义必须反对非理性爱国主义、狭隘的民族主义。[1]爱国主义精神既高于作为重要的政治原则的爱国主义,又高于作为道德准则的爱国主义,与其所属的民族的生存和发展紧密相关,它属于民族精神的核心部分。[2]可见,爱国主义精神是感召中华儿女对祖国最深厚感情的思想基础,也是五十六个民族相濡以沫、凝聚共同体意识的精神源泉。进而言之,爱国主义精神为铸牢中华民族共同体意识奠定了最深层次的情感基础。在中华民族发展的历程中,爱国主义的范围在不同历史朝代可能不同,但爱国主义的精神实质却从未改变。古往今来,涌现出许许多多爱国主义人士,他们的爱国主义事迹仍然影响着新时代的我们。比如坚强不屈、写下了"人生自古谁无死,留取丹心照汗青"壮丽诗篇的民族英雄文天祥;收复宝岛台湾,其丰功伟绩永远铭记在每一个中华儿女心中的郑成功;置个人生死、祸福、荣辱于度外的进行虎门销烟的林则徐;一心为民、严于律己、苦干实干的焦裕禄;"干惊天动地事,做隐姓埋名人"的"两弹一星"研制者;等等。他们虽然只是中国历史长河中许许多多爱国志士中的沧海一粟,但是体现出了不同时代不同身份的中华儿女相同的爱国热情和甘愿献身祖国的强烈意志。这些伟大的精神在不断丰富着

---

[1] 冯开甫,顾燕.论爱国主义是民族精神的核心[J].西华师范大学学报(哲学社会科学版),2018(2):111-114.
[2] 周建标.弘扬以爱国主义为核心的中华民族精神[J].中共山西省委党校学报,2011(3):89-91.

爱国主义精神，也构筑了中华民族共同体的精神源泉和思想宝库。

铸牢中华民族共同体意识教育内在地包含了爱国主义精神的培育。近代中国，在中华民族大家庭中各族儿女紧密相拥，在中华民族共同体意识的号召下团结一致，融成一体抵御西方殖民主义的侵略，推翻三座大山，建立了新中国。[①]各族人民团结一心，奋勇向前，形成了以爱国主义为核心的民族精神。铸牢中华民族共同体意识就意味着五十六个民族对共同的生活基础以及共同的身份特征具有强烈的认同感，更意味着中华各族儿女对祖国有着深厚的感情，即对祖国的认同和热爱，这也说明在铸牢中华民族共同体意识的过程中爱国主义情怀也必将得到厚植。另外，爱国主义精神与铸牢中华民族共同体意识都根植于中国大地与中华民族伟大的实践中，具有同源性。在从"站起来"到"富起来"再到"强起来"的过程中我们永远离不开中国共产党的领导和社会主义制度的正确选择，因为爱党、爱国、爱社会主义相统一，既是爱国主义精神的本质要求，也是铸牢中华民族共同体意识的根本要求。2019年，中共中央、国务院印发了《新时代爱国主义教育实施纲要》，明确提出"大力弘扬民族精神和时代精神。以爱国主义为核心的民族精神和以改革创新为核心的时代精神，是凝心聚力的兴国之魂、强国之魂"，并进一步强调充分发挥课堂教学的主渠道作用，办好学校思想政治理论课，在广大知识分子中弘扬爱国奋斗精神等，厚植家国情怀，培育精神家园，引导人们坚持中国道路、弘扬中国精神、凝聚中国力量，为实现中华民族伟大复兴的中国梦提供强大的精神动力。习近平总书记在党的二十大报告中再次强调要广泛践行社会主义核心价值观，要弘扬以伟大建党精神为源头的中国共产党人精神谱系，深入开展社会主义核心价值观宣传教育，深化爱国主义、集体主义、社会主义教育，着力培养担当民族复兴大任的时代新人。因此，新时代加强爱国主义教育是铸牢中华民族共同体意识教育的重要组成部分，对于振奋民族精神、凝聚全民族力量，以中国式现代化全面推进中华民族伟大复兴，具有重大而深远的意义。

---

① 陈琪.以爱国主义为支撑铸牢中华民族共同体意识研究[J].红河学院学报,2021,19(4):46-48.

二、弘扬自强不息精神

自强不息精神是中华民族精神的重要组成部分。中华民族自强不息精神的源头最早可追溯至上古神话与传说,其中的许多人物,都表现出强烈的自强不息精神。"愚公移山""精卫填海"等神话传说,表现出锲而不舍、坚韧不拔、矢志不渝、自强不息的进取精神。而自强不息精神的自觉始于儒家学派,以孔子为代表的儒家大圣们从伦理道德的角度出发,反对消极无为,提倡自强不息、刚健有为,以实现其"修身、齐家、治国、平天下"的人生理想。[1]而战国《周易》的出现标志着自强不息精神趋于成熟。其中"天行健,君子以自强不息"这一著名的论断让自强不息精神有了精练的表达。而后,自强不息精神进入不断演化时期,在近代抵御外敌入侵的过程中,自强不息成了救国救民的强大精神动力,在民族危亡之际正是依靠这一强大的精神动力才让中华民族通过不断学习变得强大,也正是这一伟大精神激励着中国人民变革创新、努力奋斗,创造出了辉煌灿烂的中华文明,也使中国人民面对任何艰难困苦都矢志不渝、勇于抗争,并最终走向胜利。自强不息成为中华民族的精神基因之一,"孕育了向上向善的中华民族和勤劳善良的中国人民,也成为今天中国特色社会主义崇尚劳动创造、追求共同富裕的价值内核"[2]。也正是这一精神在发展过程中也不断让中华民族成为一体,五十六个民族正是在不断抵御外敌入侵、发展自我和强大自我的过程中形成了中华民族共同体。可以说,自强不息精神与铸牢中华民族共同体意识是同根同源的,共同植根于中华民族发展历程中。因此,铸牢中华民族共同体意识教育就要进一步弘扬和培育自强不息的民族精神,在实现中华民族伟大复兴中国梦的新征程上,让这一精神之魂永放光芒。

---

[1] 蔡子丽.自强不息精神的缘起与演进[J].科技创业月刊,2014(8):173-175.
[2] 喻立平.中华文化的哲学意蕴[N].光明日报,2022-04-04(7).

三、弘扬伟大团结统一精神

习近平总书记在党的二十大报告中旗帜鲜明地提出要巩固和发展最广泛的爱国统一战线,"完善大统战工作格局,坚持大团结大联合,动员全体中华儿女围绕实现中华民族伟大复兴中国梦一起来想、一起来干"。团结统一是爱国主义精神体现在处理国家内部各兄弟民族之间、各民族成员之间关系上的要求。团结统一精神是实现中华民族伟大复兴的精神动力。从古至今,中华民族是具有伟大团结精神的民族。一个民族,如果不团结了,这个民族的精气神就没有了,仅仅依靠个体的力量是干不成大事的,需要各方团结起来,拧成一股绳,向着共同的目标奋斗、努力和前进。一方面,在抵御艰难困苦时,要"同舟共济""众志成城",具有强大的团结力量;另一方面,在与其他民族和文明的交流和碰撞中,能够"和而不同""协和万邦",具有强大的文化整合力。[1]几千年来,团结一心、同舟共济是中华民族一以贯之的文化基因。从"兄弟同心,其利断金"的朴素道理到"能用众力,则无敌于天下"的金玉良言,从"五方之民共天下"的大一统观念到"像石榴籽一样紧紧拥抱在一起"的中华民族共同体意识,团结统一始终被视为中华民族"天地之常经,古今之通义"。在历史长河中,我国各民族交错杂居,彼此交往交流交融,形成了你中有我、我中有你、谁也离不开谁的多元一体格局,留下了战国时期赵武灵王胡服骑射、汉代张骞出使西域、北魏孝文帝改制迁都、唐代文成公主进藏、清朝土尔扈特部东归等各民族共融共通的佳话。近代以来,在列强入侵、国家沦陷的危难关头,各族人民携手并肩、共赴国难,在血与火的抗争中共同谱写了保家卫国、抵御外侮的壮丽史诗。中华民族以强大的凝聚力、向心力经受住一次次严峻考验,向世人展示了永不褪色的伟大团结精神。[2]进入新时代,团结统一精神已经深深融入我国人民政协制度、统一战线制度、经济发展、文化传承等各个层面,已然成为我国政治制度和精神文化的价值追求。2018年3月20日,习近平总书记在十三届全国人大一次会议闭幕式上对新时代中华民族精神做了崭新又精辟的阐述,提出"四个伟大精神",即伟大创造精神、伟大奋斗精

---

[1] 赵静.论"四个伟大"精神的历史内涵与实践价值[J].思想理论教育导刊,2019(3):68-73.
[2] 杨子强,林哲艳.大力弘扬伟大团结精神[N].马鞍山日报,2018-06-09(3).

神、伟大团结精神、伟大梦想精神,四者相互依存、相互规定和相互构建。"四个伟大精神"是以爱国主义为核心的团结统一、爱好和平、勤劳勇敢、自强不息的伟大的民族精神的时代延续,是维系、协调、指导、推动民族生存和发展的核心与灵魂,是中华民族精神,是中国主流的民族精神,影响范围广、普适性强。特别是在中国共产党的领导下,五十六个民族团结一心,共同创造了今天中国繁荣发展的美好景象。所以,在新时代,只有坚持"加强中国共产党全党的团结,加强中国共产党同各民主党派的亲密合作","巩固和发展全国各族人民的大团结,加强海内外中华儿女的大团结",才能在实现中华民族伟大复兴的道路上注入"强心剂"。团结就是力量,团结才能胜利,正如党的二十大报告提出的,我们要"不断巩固全国各族人民大团结,加强海内外中华儿女大团结,形成同心共圆中国梦的强大合力"。

除此之外,在实现中华民族伟大复兴的道路上会遇到很多的挫折和挑战,在以爱国主义为核心的伟大民族精神的引领下,更要锤炼出新的精神品格,比如"三牛"精神、探月精神、新时代北斗精神等,需要我们继续弘扬光荣传统、赓续红色血脉,永远把伟大的中华民族精神继承下去并发扬光大。

第三节　增强中华文化认同:
铸牢中华民族共同体意识教育的决心

2014年,习近平总书记就曾强调"加强中华民族大团结,长远和根本的是增强文化认同,建设各民族共有精神家园,积极培养中华民族共同体意识"。2021年3月5日,习近平总书记在十三届全国人大四次会议内蒙古代表团审议时谈道:"文化认同是最深层次的认同,是民族团结之根、民族和睦之魂。"这句话,道出了各族人民亲如一家的文化根基,揭示了中华民族多元一体的精神血脉。党的二十大报告指出要"以社会主义核心价值观为引领,发展社会主义先进文化,弘扬革命文化,传承中华优秀传统文化,满足人民日益增长的精神文化需求,巩固全党全国各族人民团结奋斗的共同思想基础,不断提升国家文化软实力和中华文化影响力"。铸牢中华民族共同体意识教育的决心就是要增强亿万青少年学生对中华优秀传统文化的认同感,从小就在心中播下中华优秀传统文化的种子,涵养文化认同,坚定文化自信。因此,要甄别和筛选中华传统文化并加以创造性地转化和创新性地发展,构建有利于繁荣中华文化的体制机制,进而丰富中华民族精神谱系。

一、坚守中华文化立场,延续中华文化基因

文化是民族之血脉,民族之精神家园。为建设社会主义文化强国,增强国家文化软实力,实现中华民族伟大复兴的中国梦,2017年,中共中央办公厅、国务院办公厅印发了《关于实施中华优秀传统文化传承发展工程的意见》,明确了实施中华优秀传统文化传承发展工程的重要意义、总体要求、主要内容、重点任务、组织实施和保障措施,对坚守中华文化立场,延续中华文化基因具有划时代的意义和影响。2015年12月,习近平总书记在中共中央政治局第二十九次集体学习时就曾指出:"要努力从中华民族世世代代形成和积累的优秀传统文化中汲取营养和智慧,延续文化基因,萃取思想精华,展现精神魅力。"2016年2月19日,在党的新闻舆论工作座谈会上,习近平总书记强调:"讲故事,是国际传播的最佳方式。"党的二十大报告指出要"增强中华文明传播力影响力。坚守中华文化立场,提炼展示中华文明的精神标识和文化精髓,加快构建中国话语和中国叙事体系,讲好中国故事、传播好中国声音,展现可信、可爱、可敬的中国形象。加强国际传播能力建设,全面提升国际传播效能,形成同我国综合国力和国际地位相匹配的国际话语权。深化文明交流互鉴,推动中华文化更好走向世界"。要讲好中国特色社会主义的故事,讲好中国梦的故事,讲好中国人的故事,讲好中华优秀传统文化的故事,讲好中国和平发展的故事。讲故事就是讲事实、讲形象、讲情感、讲道理,讲事实才能说服人,讲形象才能打动人,讲情感才能感染人,讲道理才能影响人。要组织各种精彩、精练的故事载体,把中国道路、中国理论、中国制度、中国

精神、中国力量寓于其中,使人想听爱听,听有所思,听有所得。讲好中国故事,传播好中国声音就是要坚守中华文化立场,延续中华优秀的文化基因。铸牢中华民族共同体意识教育就是要坚守中华文化的立场,让各族人民都主动传承中华优秀传统文化,让中华民族精神流淌在每一个中华儿女的血液中。新时代背景下坚守中华文化立场是指主动而非被动、积极而非消极、坚定而非徘徊、自信而非自卑地传承弘扬和发展创新中华优秀传统文化、革命文化和社会主义先进文化的基本态度。[1]首先,坚守中华文化立场,要坚持以发展中国特色社会主义文化为核心。中华文化具有历时性和共时性的特征,在历时性上,中华文化包含中华优秀传统文化、革命文化、社会主义先进文化等。在共时性上,中华文化与世界各族文化共存发展,中华文化既是民族的也是世界的。因此,我们在坚守中华文化立场,传承中华各民族文化精神的过程中,必须要坚持以发展中国特色社会主义文化为中心的立场,自信、自觉地开展中华文化建设。其次,坚定中华文化立场,体现了对中华民族文化的高度自信和高度自觉。高度自信体现在对中华文化生命力的充分肯定,高度自觉体现在坚守文化根本的同时与时俱进,并对文化加以创新发展。换言之,要在继承中发展,要在发展中继承。再次,坚守中华文化立场,体现了尊重人民主体地位的文化发展导向。自古以来,中华民族优秀文化都是世世代代的人民在中国大地上创造出来的,是在中国五千多年的历史发展历程中萃取出来的,尊重人民的意愿,是在实现中华民族伟大复兴中国梦的道路上不可改变的主张,江山就是人民,人民就是江山,坚守中华文化立场,在创造发展建设中就是要坚持一切为了人民,一切依靠人民,在国家繁荣富强的道路上让每一个中华儿女都能感受到自己是主角。坚持一切发展成果由人民共享的文化发展导向,这一思路也彰显和反映了中国共产党和国家一切工作以人民根本利益为出发点和落脚点的根本遵循。最后,坚守中华文化立场,还应该适应创新发展的时代节奏。时代的巨轮滚滚向前,整个社会进入全新的时代,整个社会的发展被人工智能、大数据、物联网、区块链、元宇宙等高新技术带动。世界文化也进入了全面交融的时代,在传承中华优秀文化、延续中华文化基因的过程中

---

[1] 安丽梅.新时代坚守中华文化立场的重要意义与基本路径[J].高校辅导员,2020(1):7-11.

也要对中华文化的世界价值予以充分的认识,才能更自信地传承和发展中华文化,不断创新开辟中华文化的新境界和新格局。综上,中华优秀传统文化是中华民族的血脉,加强中华优秀传统文化教育是铸牢中华民族共同体意识的本质要求,在坚守文化立场、传承文化基因中涵养每一个中华儿女的民族情感,凝聚每一个中华儿女的"民族情",方能增添中国人民和中华民族内心深处的自信和自豪,进而在守正创新、开拓进取中谱写新篇章,迈向新征程。

二、坚定文化自信,推动中华优秀传统文化创造性转化和创新性发展

全面建设社会主义现代化国家,必须坚持中国特色社会主义文化发展道路,增强文化自信,围绕举旗帜、聚民心、育新人、兴文化、展形象建设社会主义文化强国。铸牢中华民族共同体意识教育就是要增强文化认同,增强各民族对中华文化的认同,坚定各族人民对中华文化的自信心。有研究指出,民族教育视域中的中华民族共同体意识的内涵更加强调深层次理性认同,政治、经济、文化、社会等层面的逻辑共同构成民族教育塑造共同体意识的四重逻辑。而要铸牢中华民族共同体意识,中华文化认同则是最深层次的认同。中华民族经历五千多年历史的沉淀和发展,积累了最深厚的、最丰富的中华文化,它是中华民族生生不息、蓬勃发展的丰厚滋养。文化认同更是五十六个民族团结互助、和平发展、相濡以沫的根脉,中华文化是各民族文化的集大成,是五十六个民族人民共同的精神家园和心灵港湾,是五十六个民族像石榴籽一样紧紧拥抱在一起的精神纽带。中华文化博大精深,我们要在筛选与甄别优秀传统文化的基础上,推动中华优秀传统文化创造性转化和创新性发展。习近平总书记指出:"弘扬中华优秀传统文化,要处理好继承和创造性发展的关系,实现中华文化的创造性转化和创新性发展。创造性转化,就是要按照时代特点和要求,对那些至今仍有借鉴价值的内涵和陈旧的表现形式加以改造,赋予其新的时代内涵和现代表达形式,激活其生命力。创新性发展,就是要按照时代的新进步新进展,对中华优秀传统文化的内涵

加以补充、拓展、完善,增强其影响力和感召力。"创新性发展要以创造性转化为基础,重在"发展",是对传统文化中优秀的思想、方法、观念等加以补充、完善和延伸;创造性转化则是要把创造性发展作为目标指向,重在"转化",是结合现实发展对传统文化中具有价值的内涵和陈旧的表现形式加以创造性地改造,可见,创新性发展是创造性转化的价值旨归和必然结果。有鉴于此,要固本培元、守正创新,用中国特色社会主义先进的文化滋润民族气质、引领新时代社会风尚,要推动中华优秀传统文化与当代政治、经济、文化、生态等相融通,要不断以坚定的中华文化自信坚定全党全中国全社会的道路自信、理论自信、制度自信,不断汇聚实现中华民族伟大复兴的精神给养和精神动力。

三、构建有利于繁荣中华文化的体制机制,丰富中华民族精神谱系

文化兴国运兴,文化强民族强。我们要坚持守正创新,促进社会主义文化繁荣发展,充分激发中华各民族文化的创新活力、创造能力,为社会主义现代化建设提供强大的精神动力和智力支持,这一理想图景就需要我们构建有利于繁荣中华文化的体制机制,不断革新,丰富中华民族精神谱系。首先,在国家民委的引领下,委属宣传单位要把国家民委工作作为开展民族工作的重要组成部分,要深刻学习贯彻习近平总书记关于加强和改进民族工作的重要思想以及文化建设方面的任务;要围绕铸牢中华民族共同体意识,加强中华民族共同体建设;要创新文化发展的思路理念,完善体制机制改革,激发干部职工的内生动力和积极主动性,为新时代党的民族工作和实施中华优秀传统文化传承发展工程贡献智慧和力量。其次,要铸牢中华民族共同体意识,必须让每一个民族都能发现自我的闪光点,在与其他民族交流交往交融中实现美美与共的繁荣局面。因此,各个民族、各个省份要讲好自己的故事,如要讲好中国新疆故事、中国西藏故事、中国云南故事,等等。具体而言,就是要充分挖掘和有效运用各地区各民族交往的历史事实、考古实物和文化遗存等,讲清楚各个民族自古以来就是中国不可分割的一部分,认清各个民族是中华民族大家庭中血脉相连、命运与共、携手共进的重要组成部分的事实。再次,要把社会主义核心价值观作为文化传承与创新发展的

旗帜,坚定文化自信,大力发展社会主义先进文化,完整准确贯彻新时代党的民族工作方略,推进民族文化工作治理体系和治理能力现代化。创新既是民族进步之魂,也是时代精神的核心要义,是中华民族精神谱系形成发展中最强大的动力源。在中国共产党的领导下,我们经历了革命、建设和改革之路,而在这一过程中永远都离不开创新,在这一过程中也形成了中国共产党的精神谱系。这就涉及中国共产党的一系列伟大精神,涉猎政治、经济、文化、科技、军事、生态等各个领域。例如,在政治方面发展和形成了红船精神、遵义会议精神、长征精神;在经济领域有大庆精神、红旗渠精神;在军事领域有长征精神、抗美援朝精神;在科技领域有新时代北斗精神;等等。正是社会发展的各个方面都有伟大的民族精神,才铸就和展现了中华民族精神谱系。进入新时代,涌现出的抗震精神、抗洪精神等都是植根于中华民族的优秀传统文化,中国14亿人民用实际行动向全世界诠释了"同舟共济""以民为本""人民至上,生命至上"等中华优秀传统文化,也正是全体中华儿女在危难险阻面前展现出的团结力量和使命担当,继承、发展并丰富了中华民族精神谱系。最后,要坚持以发展的眼光增强中华民族共同体意识,推动各民族共同走向社会主义现代化。各民族地区要坚持把发展作为解决民族地区一系列问题的总钥匙,要立足于各个民族地区的资源优势、地理环境、发展条件等,解决目前发展不平衡、不充分的问题,要把实现各民族共同富裕作为出发点和落脚点。进一步讲,就是要把民族地区的经济发展壮大起来,通过经济发展带动其他领域的发展,进而推动民族地区整体发展迈上新的台阶,这也是实现共同富裕的正确抉择,对民族地区要加强现代文明教育和公民道德建设,引导他们在精神旨趣、生活方式上更加迈向中国式现代化。

第二章
铸牢中华民族共同体意识的理论基础

铸牢中华民族共同体意识,是习近平总书记对党的民族理论与时俱进的创新发展,是民族关系共洽、民族文化共通、民族发展共荣这一精神内核的集中体现。铸牢中华民族共同体意识并非无根之木、无源之水,厘清其理论基础有助于客观审视如今的民族工作态势,为未来工作开展提供理论指导。本章将探讨铸牢中华民族共同体意识的理论基础,即马克思主义共同体理论、中国特色社会主义民族理论、文化自觉理论,探析各理论与铸牢中华民族共同体意识之间的关系并点明其实践启示。

第一节 马克思主义共同体理论:铸牢中华民族共同体意识的实质内核

铸牢中华民族共同体意识是以习近平同志为核心的党中央根据新时代民族工作的新形势以及党的十八大以来民族工作实践而提出的新论断,它是实现中国式现代化的必然要求,是实现中华民族伟大复兴宏伟目标的应有之义。对铸牢中华民族共同体意识的研究,需要坚持马克思主义基本立场,从马克思对"共同体"的相关论述中汲取思想养分。马克思对共同体发展规律的考察,对当前准确把握铸牢中华民族共同体意识的历史坐标、前进动力和发展任务等重大问题来说,具有极其重要的理论价值。

一、马克思主义共同体理论基本概述

马克思主义共同体理论是运用唯物史观,分析揭示社会共同体及其和个体发展演变的历史事实与基本规律的科学理论体系,为人们正确认识与把握共同体和人的发展提供了宽广的历史视域与理论架构。[1]马克思认为,人类社会发展的过程是与共同体紧密相关的。随着社会形态的演变,共同体形式也在不断变化,所有人类社会形态都可以划归到三种共同体的范围之中,即"自然共同体""虚幻共同体"和"真正共同体"。

(一)自然共同体

"自然共同体"概念是马克思在论述"资本主义生产以前的各种形式"的过程中提出的。面对未知神秘而又变幻莫测的自然世界,人类相较于其他动物,由于缺少"天生的装备"(尖锐牙齿、保护性皮毛等),会天然地结伴而行,共同应对挑战。"共同体是实体,而个人则只不过是实体的偶然因素,或者是实体的纯粹自然形成的组成部分。"[2]在生存威胁的刺激下,自然共同体的存在得以可能,这是先决条件,而其长期存在的维系,则与自然共同体中个体之间的关系及其衍生物息息相关。首先,血缘关系构成自然共同体的纽带。自然共同体是家庭和扩大成为部落的家庭,或通过家庭之间互相通婚"而组成的部落",或部落的联合。[3]因此,自然共同体亦可称之为"血缘共同体"或"部落共同体"。在血缘关系的作用

---

[1] 王顺顺.人类命运共同体对马克思社会共同体理论的传承与创新[J].中学政治教学参考,2019(36):17-20.
[2] 中共中央马克思恩格斯列宁斯大林著作编译局.马克思恩格斯文集(第八卷)[M].北京:人民出版社,2009:126.
[3] 中共中央马克思恩格斯列宁斯大林著作编译局.马克思恩格斯文集(第八卷)[M].北京:人民出版社,2009:123.

下,个体被区分、联结,一个个共同体也在不同的血缘关系中生成。久而久之,因为长期的协作生存,共同体的交流方式、生活方式、生活习惯等趋于一致,这些要素进一步加固了自然共同体的存在。其次,在血缘关系的基础上,强调权威者对共同体成员思想、行为等进行掌控的宗法关系也顺势而起,再加之当时个体见识较浅薄,掌握自然世界解释权的宗教关系也在宗法关系的助推中逐渐壮大。此后,伴随社会阶级的出现,统治者为巩固自身地位,大肆宣扬有利于维护阶级统治的道德观念、道德准则,规定何为好、何为坏,何为正确、何为错误,等等。在这样的束缚中,自然共同体联结程度再次加深。在自然共同体中,每个个体都将自己视为共同体的一员,他们下意识地认为自己有责任、有义务为了维系个人、家庭以及共同体的生存而付诸实践,这也是他们物质生产劳动的唯一目的。虽然在生产过程中,剩余劳动也存在发生的可能,但这种劳动的目的仅仅是自给自足。这种共生共养的生存方式联结了众多"脆弱乏力"的个体,给予其抗衡自然世界或社会世界中其他共同体加害自己的合力,使得个体的生存需要、安全需要得到满足。不过,自然共同体的原始性透露出一定的粗犷性:个体联结形成共同体是被动选择使然,而非个体的自觉、自由行为;在自然共同体中,只有大多数个体的利益、意志、能力等得到满足与释放,而部分个体则因"人微言轻"受到忽略,其特殊诉求自然也不了了之,少数服从多数成为必然法则,个体的主体意识、个性也会遭到压抑。

(二)虚幻共同体

随着人类对自然世界的不断探索和改造,生产工具愈发多样,生产力也有所提升,精细分工打破了自然共同体的存在方式,人对人的依赖渐渐被人对物的依赖所替代。至此,自然共同体因内部个体关系的变化而土崩瓦解,血缘关系难以为继,取而代之的是社会性的利益关系。在新共同体中,个体利益不再为了共同利益而"牺牲",它们彼此相对独立存在,正是如此,两者矛盾频发。"正是由于特殊利益和共同利益之间的这种矛盾,共同利益才采取国家这种与实际的单个利益和全体利益相脱离的独立形式,同时采取虚幻的共同体的形式"[1],虚幻共同体由此产生。资本主义国家宣称其代表全体社会成员的共同利益,不过,实际情况是众多的个体利益被占据统治地位的资产阶级所蚕食,无产阶级遭到压迫、剥削,"多数服从少数"才是事实。"自由""平等""公平""正义",这些资产阶级所标榜的美好价值只为他们自己享有,资产阶级的法律、国家机器都是为他们实现这些抽象价值而建立的。[2]对于无产阶级而言,这些价值追求都是虚幻的,都是不切实际的,他们从未踏入本由自己双手创造出来的世界之中。马克思、恩格斯指出:"在过去的种种冒充的共同体中,如在国家等等中,个人自由只是对那些在统治阶级范围内发展的个人来说是存在的,他们之所以有个人自由,只是因为他们是这一阶级的个人。从前各个人联合而成的虚假的共同体,总是相对于各个人而独立的;由于这种共同体是一个阶级反对另一个阶级的联合,因此对于被统治的阶级来说,它不仅是完全虚幻的共同体,而且是新的桎梏。"[3]

(三)真正共同体

在对虚幻共同体深刻批判的基础上,真正共同体的预想逐渐成形。真正共同体是共同体发展的最高阶段,是一种"自由人联合体","在那里,每个人的自由发展是一切人的自由发展的条件"[4]。换言之,个体的发展离不开共同体的支撑,共同体的发展同样依赖个体的力量,个体利益和共同利益真正做到了有机统一,二者共同驱动社会的进步。在这个真正的共同体中,人与人之间的交往超越了民族、国家和意识形态的限制,而变成了世界普遍交往,过去那种"从社会中产生但又自居于社会之上并且日益同社会相异化"的资产阶级国家必将走向消亡,[5]

---

[1] 中共中央马克思恩格斯列宁斯大林著作编译局.马克思恩格斯选集(第一卷)[M].北京:人民出版社,2012:164.

[2] 黄其洪,方立波.论人类命运共同体理论的马克思主义哲学基础[J].学术研究,2021(11):29-36.

[3] 中共中央马克思恩格斯列宁斯大林著作编译局.马克思恩格斯选集(第一卷)[M].北京:人民出版社,2012:199.

[4] 中共中央马克思恩格斯列宁斯大林著作编译局.马克思恩格斯选集(第一卷)[M].北京:人民出版社,2012:422.

[5] 黄其洪,方立波.论人类命运共同体理论的马克思主义哲学基础[J].学术研究,2021(11):29-36.

被压迫、被剥削的无产阶级终将摆脱对人、对物的依赖,终将重获自由,得到全面发展。此时的个体不再受限于外物而联合在一起,劳动也成为个体自知、自觉、自由的行为,人们各尽所能、各取所需。此外,在真正共同体中,人与自然之间的矛盾冲突也能得到缓解。此前的自然共同体和虚幻共同体以牺牲自然环境为代价而无限制地发展,对环境造成了不可逆的破坏,使得人与自然的矛盾不断加剧,而真正共同体则选择人与自然和谐共生,强调顺应自然规律,保护自然,正如马克思所言:"既然是环境造就人,那就必须以合乎人性的方式去造就环境。"[①]

二、马克思主义共同体理论和铸牢中华民族共同体意识的关系探析

马克思主义共同体理论为共同体发展规律的深入分析点明了中华民族共同体的发展历程,并为其未来前进方向提供了切实可行的路径。同样,铸牢中华民族共同体意识不仅汲取和继承了马克思主义共同体理论的优良基因,而且结合具体实际,实现了马克思主义共同体理论的创新突破,彰显着时代光辉。

(一)马克思主义共同体理论是铸牢中华民族共同体意识的理论依据

马克思主义共同体理论科学、系统地总结了人类社会的发展历程,这一思想为中华民族共同体意识的形成与发展奠定了坚实的理论基础。无论是早期的自然社会,抑或是如今日趋复杂的人类社会,个体都很难依靠自身力量独立生存,共同体的存在都是必需的。在不同的社会发展阶段,人与人之间的社会关系以及由此联结而成的共同体形态皆有所不同,自然,这些共同体发挥的功能也不尽相同。为解除生存威胁,获得稳定的食物来源,个体依照血缘亲近、地缘远近等关系进行"组队"形成了自然共同体,个体为共同体生产劳动,共同体则为个体提供原始性的公平和安全感。随着生产力的发展,生产资料被少数人所占用,共同

---

① 中共中央马克思恩格斯列宁斯大林著作编译局.马克思恩格斯文集(第一卷)[M].北京:人民出版社,2009:335.

体的性质逐渐发生变化。阶级压迫与普遍剥削的社会现实遭到掩盖,资产阶级采取虚幻共同体的形式将自身的特殊利益转变为人类共同利益。本质上讲,"完全虚幻的共同体"是一种以"物的相互关系"取代"人的相互关系"的异化社会形态。久而久之,长期的压抑导致无产阶级和资产阶级间的矛盾愈来愈大,逐渐变得不可调和,共产主义社会、真正共同体的构想应运而生。以上不仅是马克思对于人类共同体发展演变的逻辑推演,它在一定程度上也契合中华民族共同体"自在、自觉、自为"的发生发展过程。"在我们的祖国大地上自古以来就生存、活跃着众多民族,古代各民族的交往交流交融是中华大地上居住的各民族生活中的常态。"[1]长此以往,独具民族特色的习俗文化逐渐兴起,一些共同习性也在交流互鉴中生根发芽,此为中华民族共同体的"自在"阶段。不过,自1840年以后,在中国爆发的列强侵略战争、社会危机以及不平等条约的签订等都打破了中华民族共同体的"自在"状态,迫使其开始了从"自在"向"自觉"的转换。自觉阶段以中华民族共同体意识的产生和发展为主要标志,以多元一体格局为基本形态,并且这种多元一体格局因中华民族共同体意识的产生而体现出越来越强的"一体性"。[2]面对外敌入侵,各族人民一致对外,共克难关,谋求民族独立、国家统一成为各民族的共识,这加快了中华民族共同体意识的凝聚。不过,从根本上讲,中华民族共同体迈入"自觉"阶段是各民族长期交往交流交融的必然结果。在悠久的历史进程中,中原民族和边疆民族通过交往交流交融,共同铸就中华民族主体意识的形成。[3]步入现代,西方国家借助工业革命获得先发优势,世界经济市场遭到瓜分,科学技术知识遭到垄断,中华民族在这样的困境中砥砺奋进。随着新时代中国特色社会主义的发展,中华民族共同体不断升华,再次转型,逐步迈向"自为"发展的阶段。在此阶段,中华民族共同体意识得到进一步铸牢,各民族守望相助、团结一致、共谋未来,积极主动地为实现中华民族伟大复兴而奋斗。

---

[1] 杨建新.再论各民族共创中华民族[J].中央民族大学学报(哲学社会科学版),2020(4):5-12.
[2] 李静,高恩召.从自在、自觉到自为:中华民族发展的历史逻辑[J].中央民族大学学报(哲学社会科学版),2021(4):38-47.
[3] 刘再营.中华民族共同体意识形成的历史趋势[J].西藏民族大学学报(哲学社会科学版),2019,40(1):102-108.

(二)铸牢中华民族共同体意识是马克思主义共同体理论的时代映照

铸牢中华民族共同体意识是马克思主义共同体理论的实践产物,其重大意义已超越了一般意义上的共同体类型及其价值要求,赋予了马克思主义共同体理论鲜明的时代性。资产阶级以"国家"之名构建起虚幻共同体来遮掩剥削、压迫的事实,对此,马克思呼吁"无产阶级要用暴力推翻资产阶级而建立自己的统治",消灭私有制,打碎旧的上层建筑,"共产党人不屑于隐瞒自己的观点和意图。他们公开宣布:他们的目的只有用暴力推翻全部现存的社会制度才能达到"。[①]不同于资本主义国家,中国是工人阶级领导的、以工农联盟为基础的人民民主专政的社会主义国家,两者有本质上的区别,这不仅进一步丰富发展了马克思主义共同体理论,而且为铸牢中华民族共同体意识提供了重要的现实基础。习近平总书记在2019年全国民族团结进步表彰大会上强调:"以铸牢中华民族共同体意识为主线做好各项工作,把各族干部群众的思想和行动统一到党中央决策部署上来,不断增强各族群众对伟大祖国、中华民族、中华文化、中国共产党、中国特色社会主义的认同。"这"五个认同"既是构成铸牢中华民族共同体意识的主要内容,又是对马克思主义共同体理论的创新与超越。具体而言,铸牢中华民族共同体意识强调"爱国",即对伟大祖国的认同。爱国一直是中华民族的优秀品格和优良传统,它流淌在每一个炎黄子孙的血脉中,从顾炎武的"天下兴亡,匹夫有责"到周恩来的"为中华之崛起而读书"的豪言壮志,从徐特立的"人民不仅有权爱国,而且爱国是个义务,是一种光荣"到冰心的"一个人只要热爱自己的祖国,有一颗爱国之心,就什么事情都能解决。什么苦楚,什么冤屈都受得了"的真情流露,爱国主义始终是把中华民族坚强团结在一起的精神力量。中国是一个统一的多民族国家,五十六个民族共同缔造了伟大的祖国,也始终并肩捍卫着祖国的稳固统一。此外,铸牢中华民族共同体意识还强调对中国共产党的认同。中国共产党是中国的唯一执政党,中国共产党始终代表中国先进生产力的发展

---

① 王顺顺.人类命运共同体对马克思社会共同体理论的传承与创新[J].中学政治教学参考,2019(36):17-20.

要求,始终代表中国先进文化的前进方向,始终代表中国最广大人民的根本利益。历史和事实都证明,只有在中国共产党的领导下,民族团结、守望相助,中华民族的伟大复兴才能得以实现。

三、马克思主义共同体理论对铸牢中华民族共同体意识的实践启示

准确把握马克思主义共同体理论的重要内核,对铸牢中华民族共同体意识具有重要的启示意义。

(一)定位铸牢中华民族共同体意识的发展阶段

在不同阶段,客观事物的基本特征、任务要求等皆有所不同,正确定位、精确判断是开展当前工作与着眼未来发展的现实根据。在马克思主义共同体理论中,共同体经历了"自然共同体—虚幻共同体—真正共同体"的发展过程,显然,中华民族共同体是处在虚幻共同体向真正共同体过渡的历史阶段。一方面,真正共同体的实现是以资本主义外壳被炸毁、资本主义私有制丧钟被敲响、剥夺者被剥夺为前提条件的。[①]然而,当前全球范围内的资本主义依然在场并发挥着重要作用,此时若将中华民族共同体归为"真正共同体"实乃不妥。另一方面,虚幻共同体的形成、发展及其向真正共同体过渡的过程,亦是资本主义产生、发展和崩溃的过程。近些年来,周期性爆发的金融危机、全球覆盖的工人运动、贫富差距极大的阶级对立等现象都预示着资本主义国家内部的冲突矛盾愈演愈烈,愈来愈不可调和,随之而来的现代性危机日益严重化、普遍化,并且已经无法像过去那样依托商品输入、资本输入就可以缓解。[②]因此,从宏观上讲,中华民族共同体可以定位在虚幻共同体向真正共同体的过渡阶段,从相对微观的角度看,中华民族共同体是处在虚幻共同体已经不断走向衰落的阶段。

[①] 中共中央马克思恩格斯列宁斯大林著作编译局.资本论(第一卷)[M].北京:人民出版社,2004:874.
[②] 桑明旭.马克思对共同体发展的历史考察及其当代启示[J].湖北社会科学,2019(4):12-21.

(二)把握铸牢中华民族共同体意识的发展方向

马克思主义共同体理论在价值遵循和目标指向等方面为铸牢中华民族共同体意识提供了理论依据。马克思主义共同体理论批判继承了亚里士多德的"城邦共同体"、古罗马法学家西塞罗的"法的共同体"、卢梭的社会契约理论、康德的"伦理共同体"等欧洲先哲思想,[1]随着世界历史的发展,矛盾冲突终将平息,对立隔离终将消失,个人终将获得自由且"能够全面发挥他们的得到全面发展的才能"[2]。真正共同体是社会发展的理论探索,亦是马克思主义的根本价值追求。在漫长的历史演进中,中华民族形成多元一体的格局,一体包含多元,多元组成一体;一体与多元相互依赖、相互依存;一体是主线和方向,多元是要素和动力,两者辩证统一。[3]中华民族和各民族的关系就像共同体和个体的关系,更形象地说,是一个大家庭和家庭成员的关系。在一个大家庭中居住着五十六个家庭成员,每个家庭成员都为了实现共同的价值追求而团结在一起。家庭(中华民族共同体)的繁荣昌盛、安稳和谐离不开各个家庭成员(各个民族)的辛勤付出、守望相助,同时也只有在大家庭的爱护、呵护、保护下,家庭成员才能获得支持,才能获得更加有利的条件来完善自身,继而追求自由和全面发展。因此,铸牢中华民族共同体意识要将实现各民族自由、全面发展作为工作的出发点和落脚点,这不仅顺应了未来时代的发展,同时也能激励各民族自觉维护中华民族共同体,促进中国的团结统一、长治久安。

(三)明晰铸牢中华民族共同体意识的发展任务

在马克思主义共同体理论中,虚幻共同体暴露出虚幻的民主与自由以及虚伪的特殊利益,无产阶级的劳动成果遭到瓜分蚕食,而要打破虚幻共同体,成为真正共同体,则需要达到发达的生产力水平并建立普遍交往,"共产主义只有作

---

[1] 刘勇,章钊铭.人类命运共同体理念对马克思共同体思想的继承和创新[J].理论月刊,2022(2):5-12.
[2] 中共中央马克思恩格斯列宁斯大林著作编译局.马克思恩格斯选集(第一卷)[M].北京:人民出版社,2012:308.
[3] 王耀宇.科学把握党的民族工作的主线 铸牢中华民族共同体意识(专题深思)[N].人民日报,2022-03-17(9).

为占统治地位的各民族'一下子'同时发生的行动,在经验上才是可能的,而这是以生产力的普遍发展和与此相联系的世界交往为前提的"①。由此可见,提高生产力、加强交往合作是推动共同体发展前进的动力来源。按前所述,中华民族共同体处在虚幻共同体逐渐衰落并逐步迈向真正共同体的历史阶段,因此,为铸牢中华民族共同体意识,解决各民族的发展困境,提高各民族的生产力水平,加强各民族间的交流合作成为题中之义。一方面,物质决定意识,中华民族共同体意识牢固与否根本上取决于各民族生产力水平的高低;另一方面,意识也具有能动性,铸牢中华民族共同体意识能够加强民族间的精诚合作,这能进一步凝聚各族人民群众的力量,继而不断促进各民族生产力水平的提高。所以,铸牢中华民族共同体意识就是要深化各民族"你中有我,我中有你"的利益共同体关系,不断增加各民族之间的共同利益,促进各民族像石榴籽一样紧紧拥抱在一起,为实现中华民族伟大复兴的中国梦而不懈奋斗。此外,铸牢中华民族共同体意识还要加强全国各族人民整体谋划、协作共济的行动力,要"以强带弱,以富带贫",发展较快的地区应积极承担帮扶责任,主动对其他发展较慢的地区提供人员、资金、资源等支持,进而实现关系共建、资源共享、生产共创,共同促进中华民族的发展。

第二节　中国特色社会主义民族理论：铸牢中华民族共同体意识的经验支撑

铸牢中华民族共同体意识的提出不仅有深厚的理论渊源,更有直接的现实依据,其中,中国特色社会主义民族理论为其提供了重要的经验支撑。铸牢中华民族共同体意识是中国特色社会主义民族理论在新时代的新阐释,而在中国共产党带领下伴随中国社会发展逐渐形成的中国特色社会主义民族理论,为铸牢中华民族共同体意识的提出与发展提供了丰富的经验支撑、有效性验证和重要的历史基础。

---

① 中共中央马克思恩格斯列宁斯大林著作编译局.马克思恩格斯选集(第一卷)[M].北京:人民出版社,2012:166.

一、中国特色社会主义民族理论基本概述

中国共产党自成立以来一直关注民族问题,在中国社会主义革命和建设过程中,始终坚持把马克思主义民族理论同中国的民族实际情况相结合,始终坚持从中国社会的具体情况和民族实际问题出发,经过几代领导集体的努力,逐渐形成了中国特色社会主义民族理论。

(一)中国特色社会主义民族理论的思想来源

中国特色社会主义民族理论作为中国特色社会主义理论体系内容之一,其重要的思想来源是马克思主义民族理论。马克思主义民族理论中,关于民族发展规律的论述是对民族问题具有原则高度的基本判断,也是中国特色社会主义民族理论发展的基础。历史唯物主义揭示了人类社会历史的发展规律和基本发展方向。在唯物史观指导下,马克思主义民族理论认为民族是历史的,存在历史的展开,也存在历史的消亡,此前,民族融合是社会发展的必然过程。首先,人们所达到的生产力的总和决定着社会状况。[1]自觉民族的产生、现代民族主义的生成,与资本主义、现代化、全球化、工业化息息相关。其次,马克思与恩格斯在澄清现代民族产生前提的同时,也划定了现代民族消亡的界限。恩格斯指出:"随着阶级的消失,国家也不可避免地要消失。以生产者自由平等的联合体为基础的、按新方式来组织生产的社会,将把全部国家机器放到它应该去的地方。"[2]共产主义社会是马克思提出的最高社会形态,这是民族随着阶级和国家的消失而消失后的归宿。但在此之前,区域民族共同体意识建设,是实现不同民族的融合最终迈向人类命运共同体的必由之路,任何超越或背离民族发展规律的想法和做法都是错误和有害的。这为中华民族多元一体格局建设、民族团结和中华民族共同体建设奠定了重要的思想基础。

---

[1] 中共中央马克思恩格斯列宁斯大林著作编译局.马克思恩格斯文集(第一卷)[M].北京:人民出版社,2009:533.
[2] 中共中央马克思恩格斯列宁斯大林著作编译局.马克思恩格斯文集(第二十一卷)[M].北京:人民出版社,2009:198.

(二)中国特色社会主义民族理论的形成与发展

中国特色社会主义民族理论,包括一系列紧密联系又融会贯通的基本观点,其有一个不断发展完善的过程。

1.中国共产党民族理论与实践的初步探索

中国共产党自成立之初,就高度重视和关注中国的民族问题。1922年7月,中国共产党第二次全国代表大会提出:"推翻国际帝国主义压迫,达到中华民族完全独立;……用自由联邦制,统一中国本部、蒙古、西藏、回疆,建立中华联邦共和国……"[1]这一阶段主要受到苏联的民族理论与实践方面的影响,尤其是列宁的民族自决原则和联邦制的思想。

在1938年中共六届六中全会上,毛泽东提出了要将马克思主义在中国具体化的重要任务,逐渐探索出一条中国特色解决民族问题的正确道路——民族区域自治。毛泽东指出:"允许蒙、藏、苗、瑶、彝、番等民族与汉族有平等权利,在共同对日原则之下,有自己管理自己事务之权,同时与汉族联合建立统一的国家。"[2]自此,具有中国特色的民族自治思想初具雏形。

时间来到新中国成立前夕,在中国人民政治协商会议中正式通过的《共同纲领》规定了中华人民共和国境内各民族一律平等,反对大汉族主义和狭隘民族主义,在各少数民族聚居的地区实行民族区域自治,等等,系统阐释了党和国家的民族政策。在实践方面,1947年5月1日,内蒙古自治政府宣告成立,并于1949年12月更名为内蒙古自治区人民政府,成为中国少数民族第一个实行区域自治的民主政府,证明了中国特色社会主义民族理论和民族政策的科学性与可行性。

2.中国特色社会主义民族理论的曲折发展

新中国成立后,伴随着民主改革和社会主义改造,少数民族群众的地位得到了根本上的改变,少数民族群众当家作主的权利得到了保证。1952年8月,中央

---

[1] 中国共产党新闻网.中国共产党第二次全国代表大会宣言[EB/OL].(2017-10-13)[2022-12-11]. https://www.ccdi.gov.cn/special/19da/lcddh_19da/2da_19da/201710/t20171013_108903.html.
[2] 司马义·铁力瓦尔地.党的民族政策永放光芒[J].中国人大,2011(15):6-9.

人民政府正式颁布了《中华人民共和国民族区域自治实施纲要》，推进了民族区域自治的法制化进程。随后，新疆维吾尔自治区、广西壮族自治区、西藏自治区相继成立，总体上奠定了民族区域自治的基本框架和法律支撑。与此同时，由于受到"左"倾错误思想的影响，中国的民族理论与政策经历了曲折发展的阶段，究其原因，其实是错误地理解和运用马克思主义基本原理将人民内部的矛盾问题错认为阶级矛盾，损害了民族区域自治政策和法律。

3.中国特色社会主义民族理论的逐步完善

党的十一届三中全会的召开，冲破了长期在党内存在的"左"倾错误思想的严重束缚，将中国特色社会主义民族理论与民族政策拉回正轨的同时，对其进行了进一步的丰富和发展。以邓小平同志为代表的领导集体开始重新认识社会主义的民族关系，指出"我国各兄弟民族经过民主改革和社会主义改造，早已陆续走上社会主义道路，结成了社会主义的团结友爱、互助合作的新型民族关系"[1]。紧接着就恢复了原有民族自治地方，并新增了众多民族自治地方。邓小平同志总结道："中国采取的不是民族共和国联邦的制度，而是民族区域自治的制度。我们认为这个制度比较好，适合中国的情况。我们有很多优越的东西，这是我们社会制度的优势，不能放弃。"[2]

党的十三届四中全会以后，江泽民同志于1992年召开了首次中央民族工作会议，并在讲话中强调要"充分认识民族工作的长期性、复杂性和重要性"，指出"在新的历史时期，搞好民族工作，增强民族团结的核心问题，就是要积极创造条件，加快发展少数民族和民族地区的经济文化等各项事业，促进各民族的共同繁荣"[3]。随后进一步出台了西部大开发、"兴边富民"等一系列重要决策，丰富了中国特色社会主义民族理论与民族政策，加快了民族地区经济发展。

党的十六大后，在新世纪时代背景下，以胡锦涛同志为代表的共产党人提出了民族工作的主题必须紧密围绕着"两个共同"，即"共同团结奋斗，共同繁荣发

---

[1] 邓小平.邓小平文选(第二卷)[M].北京:人民出版社,1994:186.
[2] 邓小平.邓小平文选(第三卷)[M].北京:人民出版社,1993:257.
[3] 曹绍平,李生南.进一步加强各族人民的大团结 携手建设中国特色的社会主义[N].人民日报,1992-01-15(1).

展"。这丰富和发展了马克思主义民族理论。这一时期的民族工作将"民族"表述为"民族是在一定的历史发展阶段形成的稳定的人们共同体。一般来说,民族在历史渊源、生产方式、语言、文化、风俗习惯以及心理认同等方面具有共同的特征。有的民族在形成和发展的过程中,宗教起着重要作用"[①]。

党的十八大以来,以习近平同志为核心的党中央高度重视民族工作,充分认识到民族工作在中国特色社会主义发展事业中的重要性,指出"处理好民族问题、做好民族工作,是关系祖国统一和边疆巩固的大事,是关系民族团结和社会稳定的大事,是关系国家长治久安和中华民族繁荣昌盛的大事"[②]。并在新时代的历史条件下,提出了许多适应中国特色社会主义发展的新观点、新论断、新举措,促进了中国特色社会主义民族理论的创新发展。

(三)中国特色社会主义民族理论的内涵与主要内容

中国特色社会主义民族理论指的是中国共产党带领各族人民,在马克思主义民族理论中国化的实践过程中,总结形成的具有中国特色的社会主义民族理论体系。而作为铸牢中华民族共同体意识提出的重要理论基础,这里的中国特色社会主义民族理论指的是除中华民族共同体理论外,中国共产党成立以来与马克思、恩格斯关于民族问题的相关理论一脉相承的,批判和借鉴列宁、斯大林关于民族的理论与实践,并在中国社会发展的各个历史条件形成的民族理论基础上创新发展的新民族理论。其具体内容主要有民族平等理论、民族团结理论、民族区域自治理论、中华民族多元一体理论等。

首先,民族平等理论是保证少数民族群众平等拥有人民当家作主权利的基本民族理论。在中国,民族平等指的是各民族不论人口多少、经济社会发展程度高低、风俗习惯和宗教信仰的异同,都是中华民族平等的一员,具有同等的地位,在国家社会生活的一切方面,依法享有相同的权利、履行相同的义务,禁止一切

[①] 国家民族事务委员会,中共中央文献研究室.民族工作文献选编(二〇〇三—二〇〇九年)[M].北京:中央文献出版社,2010:91-92.

[②] 中央民族工作会议暨国务院第六次全国民族团结进步表彰大会在北京举行[N].人民日报,2014-09-30(1-2).

形式的民族压迫和民族歧视,坚决反对大汉族主义和地方民族主义。

其次,民族团结理论为中国共产党处理民族关系提供基本原则和重要理论依据。民族团结是指各民族在社会生活和交往中平等相待、友好相处、互相尊重、互相帮助。早在1957年,毛泽东在《关于正确处理人民内部矛盾的问题》中就强调:"国家的统一,人民的团结,国内各民族的团结,这是我们的事业必定要胜利的基本保证……汉族和少数民族的关系一定要搞好。"[1]进入中国特色社会主义发展新时代,习近平总书记也强调民族团结是各族人民的生命线,"促进各民族像石榴籽一样紧紧抱在一起。"[2]

再次,民族区域自治理论是中国共产党人治国理政的创新和中国人民的伟大创造。在民族区域自治理论和思想萌芽的基础上,形成了中国的基本政治制度之一——民族区域自治制度。民族区域自治制度是中国特色的解决民族问题的制度保障,指的是在党和国家的统一领导下,以少数民族聚居区为基础,建立相应的自治区域,设立自治机关,行使自治权的制度。社会主义社会的价值取向和奋斗目标是各民族共同繁荣发展。民族区域自治能够有效地将各民族的民族因素、区域因素、政治因素和经济因素高效整合,使各民族具备充分的自治权,真正实现少数民族当家作主,保证民族团结,积极促进各民族的共同发展。

最后是中华民族多元一体理论。中华民族多元一体的历史格局由来已久,纵观中国古代历史,中华民族统一多于分裂,融合多于对立。多元一体理论也反映了中国是一个多民族国家的基本国情。一体指中华民族,多元是中华民族一体中的多民族并存,一体包含多元,多元离不开一体。在漫长的历史发展中,各少数民族与中华民族一荣俱荣、一损俱损,早已融合为一个整体。统一多民族是中国的优势与特色,是中国特色社会主义民族理论遵循的基本经验。

---

[1] 国家民族事务委员会政策研究室.中国共产党主要领导人论民族问题[M].北京:民族出版社,1994:144.
[2] 习近平.决胜全面建成小康社会 夺取新时代中国特色社会主义伟大胜利[N].人民日报,2017-10-28(1).

二、中国特色社会主义民族理论与铸牢中华民族共同体意识的关系探析

铸牢中华民族共同体意识以共同体理念为指导,把握作为整体的中华民族,汲取和继承中国特色社会主义民族理论的精神传统,在新时代、新国情、新世情背景下,始终坚持民族平等、民族团结,始终以促进各民族共同繁荣为价值目标,并更加重视民族精神的传承和创新发展。

(一)铸牢中华民族共同体意识是新时代民族平等理论的创新表达

铸牢中华民族共同体意识的提出,创造性地融合了"共同体"理念,是对中国特色社会主义的民族平等理论的有效延续,进一步阐明了各族人民平等的国民身份。它在尊重各民族权利的基础上,加强对话、交流与合作,促进作为共同体的中华民族的发展。在赓续传统的同时,与时俱进,更加适应当前中华民族伟大复兴的需要和时代发展潮流。

中华民族共同体理念,一方面保障了各族人民基本权利的平等。在"中华民族共同体"概念下,各族人民同为中华民族的成员,平等拥有国民身份和国族身份,即在拥有自己的民族身份的同时,也是中华民族国民的天然成员,即中华人民共和国的公民,后一种身份本质上是每个中国公民对自身国族身份的表达,尤其是在国际交往中体现得更加明显。在中国特色社会主义事业建设中,国家通过宪法及法律法规依法保障每一个中国公民的合法权益,全体公民都是当家作主的主人翁和中国特色社会主义事业的建设者。另一方面强化了各族人民对共同利益、共同责任的认同,促进各族人民在新时代风雨同舟,朝着中华民族伟大复兴的目标勠力同心。国家为每个国民行使自己的公民权利提供了最根本的保障。同样,每个公民也必须担负起自己的国家责任,爱国是每个公民对国家应当履行的最基本义务。

(二)铸牢中华民族共同体意识是新时代民族团结精神的有力彰显

中华民族共同体意识以共同体为核心,意味着意涵的丰富和深化,是对中国特色社会主义民族团结理论的进一步阐述。在此之前,中华民族更多是作为一个约定俗成的词语出现在人们的日常生活中,它代表的是由长期的政治、历史、社会、文化的互动往来而成的人群共同体,是一个略带情感与叙事色彩的称谓,其内在的价值属性,常常需要叠加其他语词来凸显,比如凝聚力、精神、认同等。而中华民族共同体就不再是一个纯粹的描述叙事概念,其点明了中华民族是国内各族人民"长期的交流、交往、交融,形成你中有我、我中有你多元一体的"联结性民族实体,[①]蕴含了各族人民基于平等的国民身份,及其共同的价值目标——实现中华民族的伟大复兴,以及相互理解、和谐互助、团结奋斗的民族精神内涵。

铸牢中华民族共同体意识进一步彰显了民族团结精神,是中国特色社会主义民族团结理论在新时代的重要发展。党的十九大报告明确提出:"全面贯彻党的民族政策,深化民族团结进步教育,铸牢中华民族共同体意识,加强各民族交往交流交融,促进各民族像石榴籽一样紧紧抱在一起,共同团结奋斗、共同繁荣发展。"[②]这是习近平新时代民族工作思想创新发展的集中概括,体现了新时代民族工作对民族团结和民族凝聚力的高度重视。中华民族共同体意识是指各民族对共同祖国、文化、政党、道路和制度的认同意识、归属意识、发展意识和责任意识。加强、铸牢各民族人民对自身国民身份、权利和责任的认识和认同,能够促进新时代中华民族伟大复兴背景下的民族团结、民族融合。

(三)铸牢中华民族共同体意识是新时代民族繁荣发展的重要要求

民族区域自治理论为促进中国各民族繁荣发展提供了重要理论基础,而铸牢中华民族共同体意识则是新时代促进民族繁荣发展的重要理论依据和实践路径。如前所述,铸牢中华民族共同体意识主要是要加强各族人民对中国地域、中

---

① 赵超.中国民族国家构建与中华民族认同的形成[J].探索,2016(6):51-58.
② 习近平.决胜全面建成小康社会 夺取新时代中国特色社会主义伟大胜利[N].人民日报,2017-10-28(1).

华文化、中国共产党领导和中国特色社会主义道路的认同，在此基础上，各族人民形成相同的情感体验，建立共同的价值信念，方能积极走向中华民族的伟大复兴。正如勒南所说，国族观念的构筑要求"在过去，有共同的光荣和痛楚可以分享，在未来，有同一个计划需要实现；同甘共苦、共同展望"[1]。在过去，有共同抵御外敌的患难经历，促进中华民族共同体意识的生成。在未来，有中华民族伟大复兴的价值目标，渗透各族人民共生繁荣的基本信念，从而能够规避民族的衰败与危机，并积极向上地导向伟大与复兴。

在共同体的框定下，中华民族的价值追求和共同期许得到更好的彰显，可以说共同体意识最终指向就是中华民族伟大复兴。对各族人民而言，和谐相处、生活富裕是最具吸引力的共同夙愿与动力。国家富强、民族振兴和人民幸福是内在一致的，国家、中华民族和人民是一荣俱荣、一损俱损的命运共同体。中国特色社会主义新时代，是全国各族人民团结奋斗、全体中华儿女勠力同心，努力实现中华民族伟大复兴的中国梦的时代，而民族团结在新时代具有极端的重要性。铸牢中华民族共同体意识重要工作的开展，在国家层面，能使各族人民共同期盼国家主权完整强大、期盼实现两岸和平统一；在民族层面，能使各族人民积极认同民族振兴的民族目标、认同团结繁荣的民族关系；在人民层面，能使各族人民殷切希望共同富裕目标的实现。

三、中国特色社会主义民族理论推进铸牢中华民族共同体意识的实践启示

在中国共产党发展马克思主义民族理论的中国化实践中，中华民族多元一体理论、民族区域自治理论、民族团结进步教育理论、民族平等理论为铸牢中华民族共同体意识进课程、进教材提供了重要的理论启示、制度支持、基本经验支撑。

---

[1] 厄内斯特·勒南.国族是什么?[J].陈玉瑶，译.世界民族，2014(1)：59—69.

(一)铸牢中华民族共同体意识遵循多元一体的结构性基础

"多元一体"是中国多民族国家基本国情的集中体现,既蕴含着多民族国家聚合和凝聚的内在力量,也蕴含着多民族国家张力与差异的内在力量。费孝通先生在《中华民族多元一体格局》一书中阐述了中华民族从"自在"到"自觉"的发展过程,他指出,中华民族作为一个自觉的民族实体,是在近百年以来中国和西方列强对抗中出现的,但作为一个自在的民族实体则是在几千年的历史过程中随着统一的多民族国家——中国的发展而形成、巩固和确立的。[①]这也是中华民族与世界各地民族相比的独特性所在。中国各民族在交往交流交融过程中,形成了"你中有我,我中有你,你离不开我,我离不开你"的中华民族多元一体格局。习近平总书记在全国民族团结进步表彰大会的讲话中,从中华民族共同体的疆域、历史、文化、精神四个维度,对各民族交融汇聚成多元一体中华民族的历史,以及各民族共同缔造、发展、巩固统一的伟大祖国的历史进行了精辟的论述。

中华民族共同体的提出也是对中华民族多元一体理论的深化,铸牢中华民族共同体意识离不开对中华民族多元一体格局这一结构性基础的重视。在中华民族多元一体格局中,多元组成一体,一体包括多元,一体离不开多元,多元也离不开一体。从认同的角度来看,各民族要有自己的民族认同,民族之间也要相互认同,各民族更要认同共有的"中华民族"这个"一体"。中华民族共同体的重要特征是各民族共同团结奋斗、共同发展繁荣,在承认各民族独特的文化传统和文化认同的基础之上,强调中国五十六个民族都是中华民族大家庭的平等一员,共同构成了你中有我、我中有你、谁也离不开谁的中华民族命运共同体。总之,在铸牢中华民族共同体意识的实践中,不能无视也不可能脱离中华民族多元一体格局的结构性基础。

(二)铸牢中华民族共同体意识坚持民族区域自治的制度支持

民族区域自治制度是中国的一项基本政治制度,是中国特色解决民族问题的重要依据和制度保障,为铸牢中华民族共同体意识提供了重要的制度支持。

---

① 费孝通.中华民族多元一体格局(修订本)[M].北京:中央民族大学出版社,1999:3.

2019年9月，习近平总书记在全国民族团结进步表彰大会上指出："我们党创造性地把马克思主义民族理论同中国民族问题具体实际相结合，走出一条中国特色解决民族问题的正确道路，确立了党的民族理论和民族政策，把民族平等作为立国的根本原则之一，确立了民族区域自治制度。"实践证明，民族区域自治制度在解决中国民族问题上取得了举世瞩目的成功，是符合中国国情的优秀制度。在铸牢中华民族共同体意识的道路上，我们要坚定不移地实施民族区域自治制度，推动各民族共同进步、繁荣、发展，促进各民族大团结。

铸牢中华民族共同体意识的实践要充分发挥民族区域自治制度的优势。坚持和完善民族区域自治制度，是铸牢中华民族共同体意识的重要策略。符合中国国情的民族区域自治理论，为铸牢中华民族共同体意识提供了重要的理论启示，主要包括：坚持党对民族工作的坚强领导，中国共产党的领导是民族工作成功的根本保证；坚定不移地走中国特色的解决民族问题的正确道路；坚持创新发展；坚持一切从实际出发、因地制宜、因时制宜，实事求是、与时俱进地改革完善民族宗教政策；要加快推动民族地区经济社会发展，不断提高各族群众生活水平，始终秉持共同富裕的发展目标，朝着中华民族伟大复兴的中国梦稳步前进。

(三)铸牢中华民族共同体意识延续民族团结进步教育的基本经验

1987年，国家教委印发的《关于在各级学校注意进行党的民族政策和加强民族团结教育的通知》是首个强调要加强学校民族团结教育的文件，到2008年，教育部办公厅和国家民委办公厅印发了《学校民族团结教育指导纲要（试行）》，为在中小学开设民族团结进步教育课程提供了政策依据。2019年，中共中央、国务院印发的《新时代爱国主义教育实施纲要》指出："深化民族团结进步教育，铸牢中华民族共同体意识，加强各民族交往交流交融，引导各族群众牢固树立'三个离不开'思想，不断增强'五个认同'，使各民族同呼吸、共命运、心连心的光荣传统代代相传。"这进一步规范了学校民族团结进步教育课程的开发和实施，也体现出民族团结进步教育在铸牢中华民族共同体意识过程中的重要作用。实际上，民族教育功能的发挥是铸牢中华民族共同体意识之关键。[①]

[①] 赵伦娜.铸牢中华民族共同体意识与新时代民族教育的使命[J].学术探索，2021(1)：150-156.

民族团结进步教育事业是中国特色社会主义事业的重要组成部分,学校民族团结进步教育在其中发挥着基础性和引领性的作用。学校民族团结进步教育的性质、目标、任务、内容、特点等决定其在铸牢各民族学生中华民族共同体意识中的特殊意义和作用。例如,民族团结教育的内容应该包括中华文化认同教育、中华民族共同体意识培育、促进各民族交往交流交融意识教育、中华民族多元一体格局教育等,还应涵盖民族观、民族宗教观、民族价值观、民族发展观、民族平等观"五观"教育。[①]人的民族身份意识不是与生俱来的,其中华民族共同体成员意识和中国公民意识是需要教育和培养的,因此爱国主义教育、民族团结进步教育一刻也不能疏忽,需要持续不断地加以巩固。总之,学校民族团结进步教育为铸牢中华民族共同体意识实践提供了重要的经验支撑。

(四)铸牢中华民族共同体意识赓续民族平等的重要原则

民族平等是中国多民族国家处理民族关系和民族问题最为基本的原则。早在1938年,毛泽东就强调了"允许蒙、藏、苗、瑶、彝、番等民族与汉族有平等权利"。党的十九届四中全会对国家制度和国家治理体系的显著优势进行了系统总结,其中一个重要的方面就是"坚持各民族一律平等,铸牢中华民族共同体意识,实现共同团结奋斗、共同繁荣发展的显著优势"。可见,铸牢中华民族共同体意识在实践中必须始终坚持民族平等的基本原则。

一方面,我国的宪法和法律对民族平等有明确的规定。各民族不论人口多少,经济社会发展程度高低,都是中华民族大家庭的平等一员。纵观全球,一个国家的全体国民组成了统一的国家,这一国家的全体国民就成为当代民族国家的基础和依托。中国各族人民都是中华人民共和国的合法公民,具有平等的政治地位,在国家政治和社会生活的各个方面,依法平等拥有人民当家作主的权利,履行相同的义务。

另一方面,在中国"差序格局"的社会和文化传统影响下,法律意义上的一律

[①] 李琴,何雄杰.新时期高校民族团结教育论纲[J].广西民族大学学报(哲学社会科学版),2012(6):87-92.

平等并未造成各民族的并列化、个体化和独立化。中国共产党一直强调反对两种民族主义，即大民族主义（尤其是大汉族主义）和狭隘地方民族主义。国外许多国家的民族理论在"多元文化主义"指导下，仅强调各民族在法律上的一律平等，未能促进各民族的交流和相互理解，违背了不同民族融合发展的规律性特征，埋下了动荡不安的种子。而中国各民族在中国特色社会主义的民族平等理论指导下，却能够在承认差异性的基础上密切联系，积极交流与交融，促进整体发展。在建设中国特色社会主义事业中，国家除了要通过宪法及法律法规保障每一个中国公民的合法权益和应尽义务外，还要加强铸牢中华民族共同体意识，这能够进一步促进全体公民成为当家作主的主人翁和建设者。

第三节　文化自觉理论：
铸牢中华民族共同体意识的实践指向

铸牢中华民族共同体意识有赖于共同体的形成和发展，但其背后，实际是各民族文化间的交往交流交融，是各民族文化的自觉自省自为。在如今世界百年未有之大变局和中华民族伟大复兴战略全局的大背景之下，五十六个民族文化于内如何和谐共处，于外如何形成比较优势，是铸牢中华民族共同体意识的关键核心问题，深入探究文化交流本质的文化自觉理论对此或有所助力。

一、文化自觉理论基本概述

"文化自觉"这一概念是费孝通先生于1997年所提，对其，他有如下阐释：文化自觉只是指生活在一定文化中的人对其文化有"自知之明"，明白它的来历、形成过程、所具的特色和它发展的趋向……自知之明是为了加强对文化转型的自主能力，取得决定适应新环境、新时代时文化选择的自主地位。文化自觉是一个艰巨的过程,首先要认识自己的文化,理解所接触的多种文化,才有条件在这个正在形成中的多元文化的世界里确立自己的位置,经过自主的适应,和其他文化一起,取长补短,共同建立一个有共同认可的基本秩序和一套与各种文化能和平共处、各施所长、联手发展的共处守则。[①] 通过梳理归纳,文化自觉理论的核心内容可以概括为以下四点。

(一)文化认同

文化自觉首先要求个体做到文化自知、文化认同,这是文化自觉的逻辑起点。文化认同是对本民族过往故事的探索,是寻找自身行为习惯、思想观念、价值判断等"为何如此"的解释过程。文化认同能够赋予个体发展前进的根源力量,亦是构成民族过去、现在、未来存在的基本依据,若是一味抛弃、否定民族"立身之本"的文化,则将陷入精神空虚,走向灭亡。因此,对待中华传统文化,理应辩证看待,既要传承发扬其精华之处,又要坚决改变甚至抛弃被时代淘汰的陋习。文化自觉是在传统文化的基础上进行的自觉和自省,在新时代,要用新眼光重新认识传统,发展传统。20世纪40年代,费孝通先生就指出,如果要建立"新中国",首先要认识"旧中国"。不过,认识、认同传统文化并不等同于墨守成规、故步自封,更重要的是要顺应时代发展,长善救失,追求创新。所以,正确认识传统文化,从心认同传统文化,这是文化自觉的开端,亦是文化持续发展的动力源泉。

(二)文化比较

由于各个民族的发展空间、发展时间、发展方式等皆不相同,各个民族的生活方式、行为习惯、思想观念、价值判断等会存在一定差异。为满足日益增长的物质、精神需要,为应对更加综合、复杂的全球性问题,民族间的沟通、交流、合作成为必须。在合作交流过程中,各民族免不了对不同文化进行比较判断,这对民族文化的发展也具有一定益处。一方面,通过对其他民族文化进行深入观察、分

---

① 费孝通. 美好社会与美美与共:费孝通对现时代的思考[M]. 北京:生活书店出版有限公司. 2019:294.

析，能够发现很多自身存在的问题与不足，而其他文化或能成为精神榜样，或能提供解决之道，促进民族文化得到进一步发展。另一方面，在文化比较中，各民族能够真正体会到文化的多样性和生命力，这有助于各民族开阔眼界，用更开放的心态正视多元文化的现状，而不是画地为牢。同时，在人类历史发展进程中，民族文化各具特色，都有其存在价值，因此，各国、各民族应秉持平等尊重的态度进行文化交流。发达国家的文化未必发达，仅凭现实发展状况而肆意抬高其文化价值的做法不可取；不发达国家的文化未必不发达，轻视、怠慢甚至嘲笑其文化特色的做法亦不妥。公平、正义的文化交流是建立在平等基础上的，只有每个民族文化都能享有发言权，无拘无束地畅快表达自身的见解，而不是受制于某一民族或某些民族团体，才称得上有益的民主文化对话。

（三）文化反思

费孝通先生指出，"文化自觉"包括了对自身文明和他者文明的反思，而对自身的反思往往有助于理解不同文明之间的关系，故需要每个文明中的人对自己的文明进行反省，做到有"自知之明"。在与其他民族文化进行交流后，各民族应主动进行文化反思，积极反思自身的优劣之处，及时寻找问题解决对策，以便更好地发展本民族文化。可以说，文化反思为文化自觉的践行提供了推动力，同时也构成了文化自觉的核心内容。中华民族若缺乏文化反思意识，则会导致两种极端现象的出现。一为"守旧"，表现为全盘保留中国传统文化，排外倾向严重，忽视、漠视其他民族文化的优势、先进之处。文化潜藏在每个人的行为方式、价值观念之中，它影响着国家政治、经济、教育、医疗各领域的发展，不同的时代弥漫着不同的文化气息。在今天，外在的国家发展条件、内在的人民精神面貌都早已发生天翻地覆的变化，一些适用于过去的中国传统文化未必适用于当下，毕竟，文化之中有精华自然也有糟粕。所以，若是因循守旧，不顾时代的变迁，执意一股脑地全盘保留传统文化，势必会对民族未来发展造成沉重打击。二为"西化"，表现为对其他文化，尤其是以发达国家为首的西方文化全盘接受，"照搬照抄"。随着新航线的开辟以及西方三大解放运动的爆发，发达国家"集体觉醒"，通过殖民扩张获得大量劳动力,并开辟了世界经济市场。在现实需求的推动下,第一次、第二次工业革命使得发达国家渐渐掌握、垄断发展资源,开始构建起以西方文化为主导的世界格局。在面对如此强势的西方文化时,很多还未成熟、还未复兴的民族文化往往难以与之抗衡,极易掉入其文化陷阱中,从而丧失本民族文化特色,失去文化自信。由此可见,无论是"守旧"还是"西化"都对民族文化的传承发扬不利。在文化反思时一定要秉持扬弃的态度,正视本民族以及其他民族文化的优劣,做到取其精华,去其糟粕,科学交融,创新发展。

(四)文化创新

文化自觉是个体对文化发展的主观意识甄别,其最后的落脚点仍然要回归实践层面,即文化创新,可以说,文化创新是文化自觉的深化之路,体现了文化发展的本质要求。在文化自觉中,个体对本民族文化经历了从了解到认识再到认同的过程,一步步寻得文化之根源,慢慢肯定自身文化的存在和价值。通过与其他民族文化的比较分析,可以发现异同之处,可以辨别优劣好坏,从而反思不足,做到"见贤思齐"。量变的积累最终会达到突破原有状态的质变,文化也将成长壮大,得到进一步发展,实现文化创新。文化创新不是对文化原有内在不足的一种修补,亦不可简单理解为与外来优秀文化的融合。文化创新是引领文化发展,进而引领国家、社会、世界发展的创新能力,它在丰富文化资源的基础上,打破传统思维,开创新兴理念,对未来生活生产方式、人际交往关系、社会变迁等具有重要的开拓价值。

二、文化自觉理论和铸牢中华民族共同体意识的关系辨析

文化自觉理论围绕"文化如何自主地、更好地长续发展"这一根本问题,提出了文化认同、文化比较、文化反思、文化创新的实践路径,为铸牢中华民族共同体意识奠定了坚实基础。基于此,铸牢中华民族共同体意识再进一步,以"如何应对国内的民族文化矛盾以及国外的西方民族文化入侵"为抓手,揭示了中华民族共同体意识的重要意义和时代价值,丰富并完善了文化自觉理论的实质内涵。

(一)文化自觉理论是铸牢中华民族共同体意识的理论依据

文化自觉理论是对文化发展规律的深刻把握,在如今多元文化共存的时代,文化自觉理论的价值意义愈发重要。费孝通先生的文化自觉思想源自二十世纪八九十年代对少数民族生存状况的实地研究。他发现,随着森林的日益衰败,世世代代以狩猎和养鹿为生的鄂伦春族面临着生存危机,处在黑龙江仅有几千人口的赫哲族面对着同样的问题。他不禁思考:"中国10万人口以下的'人口较少民族'就有22个,在社会的大变动中他们如何长期生存下去?特别是跨入信息社会后,文化变化得那么快,他们就发生了自身文化如何保存下去的问题。"[①]对此,费孝通先生提出"要善于发挥原有文化的特长,求得民族的生存与发展"[②],文化自觉思想慢慢成形。此后,费孝通先生将视野扩大,开始思考在经济全球化中,整个中华民族的生存发展问题。诚然,长期以来,由于西方发达国家的强势地位,来自西方文化传统的话语主导了人类发展的方向,中国甚至是中华文化都遭到了"误解",被冠上了很多"莫须有"之名。这自然不利于中国的发展,更有碍于中华民族的伟大复兴。如是,扎根中华文化,从心认同中华文化,以此提振中华民族士气,凝聚中华民族力量,铸牢中华民族共同体意识迫在眉睫。

(二)铸牢中华民族共同体意识是文化自觉理论的时代映照

与亨廷顿所提的文明冲突理论不同,文化自觉理论内蕴中国传统"和而不同""以和为贵"的思想,对不同文化如何相处、如何共生提出了新的中国方案,这对中华民族文化,乃至世界民族文化发展都具有启示之意。铸牢中华民族共同体意识就是对文化自觉理论的传承与创新,它是文化自觉理论的实践转化,赋予了文化自觉理论全新的时代价值。

铸牢中华民族共同体意识从文化自觉发展而来,亦超越文化自觉。铸牢中华民族共同体意识不只是关注每个少数民族的文化发展或是少数民族之间的文化和谐发展,它关注的是整个中华民族文化如何发展。它想通过梳理、加强、铸

---

① 费孝通.文化自觉的思想来源与现实意义[J].文史哲,2003(3):15.
② 费孝通.文化自觉的思想来源与现实意义[J].文史哲,2003(3):15.

牢中华民族共同体意识的方式来促进文化自知、文化认同、文化反思、文化创新，以此应对国内的民族文化矛盾以及国外的西方民族文化入侵。在中国这样一个多民族国家，要想同时铸牢一种五十六个民族成员都拥护并且认同的中华民族共同体意识，首先就要正确把握中华民族共同体意识和各民族意识的关系。只有各个民族像石榴籽一样紧紧团结在一起，齐心协力，不断扩大各民族繁荣发展的共同利益，中华民族共同体才会坚不可摧，牢不可破。此外，还需要正确把握中华文化和各民族文化的关系。中华文化是主干，各民族文化是枝叶，根深才能叶茂。铸牢中华民族共同体意识离不开各民族文化的交往交流交融，正是有了各民族文化的繁荣发展，才有了中华文化的绚丽多彩。因此，要"以铸牢中华民族共同体意识为主线，坚定不移走中国特色解决民族问题的正确道路，构筑中华民族共有精神家园，促进各民族交往交流交融"[①]，增强各族群众对中华文化的认同。当然，对中华文化的认同还表现在对优秀的各民族文化的认同。习近平总书记指出："本国本民族要珍惜和维护自己的思想文化，也要承认和尊重别国别民族的思想文化。不同国家、民族的思想文化各有千秋，只有姹紫嫣红之别，而无高低优劣之分。每个国家、每个民族不分强弱、不分大小，其思想文化都应该得到承认和尊重。"[②]铸牢中华民族共同体意识就是要在中华文化的基础上促成各民族文化的和谐共生、团结统一，通过不断学习其他民族文化优秀、先进之处，弥补自身不足，修正错误，促进中华文化的创新发展。

三、文化自觉理论对铸牢中华民族共同体意识的实践启示

文化自觉理论为多民族文化的相处、发展提供了可资参考之径，这对铸牢中华民族共同体意识也具有重要的启示意义。

[①] 习近平在中央民族工作会议上强调以铸牢中华民族共同体意识为主线 推动新时代党的民族工作高质量发展[N].人民日报,2021-08-29(1).
[②] 杜尚泽,黄敬文.习近平在纪念孔子诞辰2565周年国际学术研讨会暨国际儒学联合会第五届会员大会开幕会上强调从延续民族文化血脉中开拓前进 推进各种文明交流交融互学互鉴[N].人民日报,2014-09-25(1).

(一)加强铸牢中华民族共同体意识的主体地位

"铸牢中华民族共同体意识,促进各民族共同团结奋斗、共同繁荣发展"是新时代维持社会主义和谐民族关系的主旋律,也是建设中国特色社会主义伟大事业的内在要求。然而,受近代中国发展状况以及国际局势的影响,西方民族国家控制了"发言权"以及"解释权",他们倾向于从"种族—文化"的脉络考察中华民族共同体的合法性,这使得中华民族共同体研究陷入了西方话语体系的理论迷障,导致很多自我认同问题的出现。费孝通先生所提的文化自觉理论就是为了解决民族文化"如何自主存在"的问题。文化自觉突出强调文化主体的能动性和主动性,这要求文化主体积极主动了解、认识、认同本民族文化,要由自身民族共同体来建构其文化的价值和意义,这样才有利于凝聚民族情感,汇聚民族力量。当民族身份、民族文化由域外民族、国家定义时,则会丧失话语权,丢失民族精神内核,逐渐沦为其他民族的附属群体。因此,在西方文化大行其道的当下,中华民族共同体要强调主体地位,文化从何而来、未来又向何处去等问题都应该由中华民族共同体的所有成员来决定。铸牢、铸好中华民族共同体意识是题中之义和必然要求,如此才能将中华民族共同体从狭义的西方"种族—文化"叙事框架中解放出来,重获自主。

(二)提供铸牢中华民族共同体意识的方法原则

铸牢中华民族共同体意识不仅强调中华民族共同体内部各民族文化要做到和谐相处、守望相助,而且关注中华民族共同体文化与西方民族文化的有效沟通交流。那么,如何才能把握相处之道,更好地实现文化创新发展呢?文化自觉理论所提的十六字箴言"各美其美、美人之美、美美与共、天下大同"或能起到方法论之效。首先,要做到"各美其美"。"各美其美"是指五十六个民族都要认同、欣赏和热爱自己的民族文化,要对民族文化感到骄傲和自豪。只有正视、正待自己民族文化的优秀部分,传承并发扬,才能赋予其经久不息的生命力。不过,"各美其美"需要避免"妄自菲薄",不能不加分辨地认同"外强中干"的文化势力,不然很有可能陷入文化附属境地或是文化虚无主义的误区。其次,"美人之美"就是在欣赏本民族文化的同时,对其他民族文化做到一视同仁、平等看待,要尊重、理解各具特色的民族文化,这是铸牢中华民族共同体意识的基本前提。文明有先进落后之分,文化无高低贵贱之别,要坚持各民族文化一律平等的原则,采用求同存异的方式进行和平沟通交流。"美人之美"要避免"妄自尊大",一些民族文化仗着"人多势众"而对其他文化嗤之以鼻、不屑一顾,如此故步自封、不思进取的行为会遮蔽本民族的文化漏洞,这更不利于中华民族共同体意识的形成。费孝通先生说:"我们要学会'美人之美',像各群体自己的成员那样欣赏和领悟他们所爱好的价值体系。'美人之美'并不要求'从人之美',而是容忍不同价值标准的并存不悖。但要求摆脱本位中心主义,而采取了多元并存的观点。"[1]再次,铸牢中华民族共同体意识离不开各个民族的"美美与共",这既是各民族文化的相处方式,又是各民族文化的价值追求。各民族的文化虽不相同,但在"各美其美、美人之美"的基础上,仍然有望实现和平共处,做到"和而不同",这能进一步铸牢中华民族共同体意识,对中国团结、稳定发展有莫大的好处。为此,各民族要积极主动建立共同认可的基本秩序,构建一套各种文化能够和平共生的发展规则,继而达成"美美与共"。"美美与共"要避免"势如水火",如果各民族做不到"美人之美",甚至想要强行抹去、同化其他民族文化,这势必会造成文化冲突,以致拖累中华民族共同体意识的凝聚。最后,"天下大同"将文化相处之道从一国民族推向全世界民族,这是从更高、更广的角度来看待世界民族文化的和谐发展,这体现出中国传统哲学中建立"大同社会"的最高理想,与近代康有为《大同书》所倡导的"人人相亲,人人平等,天下为公"的理想社会相符。[2]"天下大同"超越了中华民族共同体内部的团结一致、和谐共生,它放眼全球,号召世界各民族积极交流、互帮互助,为共建一个"大同世界"而共同奋斗。

---

[1] 费孝通.费孝通论文化与文化自觉[M].北京:群言出版社,2007:106.
[2] 徐平,陈宁宁.从两个"大变局"看费孝通"文化自觉"理论[J].湖北民族大学学报(哲学社会科学版),2022(3):1-9.

第三章

铸牢中华民族共同体意识的课程基本理念

当前,"铸牢中华民族共同体意识"已成为关系到新时期中华民族前途命运的重大战略与现实命题。教育在铸牢中华民族共同体意识过程中发挥着基础性作用,其中课程是贯彻落实这一时代使命的重要载体,课程理念是应该坚持贯彻的价值取向。在铸牢中华民族共同体意识的课程建设过程中,应当遵循"全人取向""全面发展""主题统整"三个课程基本理念。

第一节 铸牢中华民族共同体意识的全人取向课程理念

铸牢中华民族共同体意识是民族工作新思想与新战略,教育是铸牢中华民族共同体意识的重要途径,课程是教育过程的核心。全人取向的课程理念遵循"全员""全方位""全过程"的育人价值导向,构建铸牢中华民族共同体意识的"三全育人"模式。

一、铸牢中华民族共同体意识的全员育人模式

铸牢中华民族共同体意识作为新时期教育工作的重要组成部分,涉及学校、社会、家庭等多个场域中的多个教育主体,教育主体的认知程度、总体数量以及个体的理论修养、能力素质直接影响了教育质量和水平。[①]为此需要形成铸牢中华民族共同体意识的全员育人模式,使这些教育主体在课程中积极引导学生树立中华民族共同体意识,使其成为马克思主义理论的信仰者、社会主义核心价值观的践行者以及中华民族共同体的拥护者。

(一)教师队伍关于中华民族共同体意识的育人能力

中华民族共同体意识的教育属性集中表现为可育性,具体包括中华民族共同体意识的可教性、可引性、可学性。一方面,教师是教育的基本要素之一,是课程的直接实施者。课程如何承接中华民族共同体意识可教性,教师如何承接可引性,学生如何承接可学性,其基本途径在于铸牢中华民族共同体意识的课程教学优化,指向教师的育人能力。换言之,增强学生对中华民族共同体的认同,铸牢中华民族共同体意识,推进中华民族共同体内容融入各门课程的关键在教师,故而应该重点关注教师关于中华民族共同体的育人意识与育人能力。另一方面,以往学科教师只注重学科教育、知识教学,较少关注学生中华民族共同体意识的树立。其中一个原因是受思维的限制,教师缺乏铸牢中华民族共同体的育人意识。在很多教师眼里,成绩好、分数高才是学生求学过程中的重要任务,而将中华民族共同体意识融入学科课程,引导学生铸牢中华民族共同体意识的用处不大、不重要,或者认为这个育人问题是思政课教师的事情,与语数外等教师无关。另一个原因是受"术业有专攻"的制约,学科课程教师对中华民族共同体意识的相关教育知识了解和掌握得不够全面、深入,无法有效地在课程中融入中华民族共同体意识的相关内容。总的来说,教师队伍关于中华民族共同体意识的育人能力是铸牢中华民族共同体意识全员育人模式的出发点。这种育人能力

---

① 余文兵,普永贵.新时代推进中华民族共同体意识教育常态化制度化实践的思考[J].云南民族大学学报(哲学社会科学版),2021,38(5):15-23.

在专业素养上表现为掌握中华民族共同体的相关知识,不断提升自身的中华民族共同体意识素养,探索将中华民族共同体意识与所授学科相关知识点进行有机结合的方法途径。在价值观念上表现为正确看待我国多元一体的历史特征,并自觉形成将中华民族共同体意识贯彻到学科教学中的课程理念,有意识地主动学习相关内涵概念、本质意义,引导学生在已有认知的基础上,铸牢中华民族共同体意识。

(二)家校社共育的育人合力

铸牢中华民族共同体意识是建立在对中华民族"共同性"认同基础上的铸牢过程,增进中华民族"共同性"是铸牢中华民族共同体意识的价值导向与方向指引。[①]首先,主体间性理论认为,现代公民并非原子化孤立个体,而是一个交互共生关系的主体。不同主体间的和谐并存,需借助于特定的公共生活场域,并且经过不断的培养,使他们在社会上做"好公民"。铸牢中华民族共同体意识离不开对学生关于平等、合作、包容等"公共善"的培养,同时也要致力于培养学生集共情、理解、判断、反思、行动于一体的公民素养和公共精神。故而,建立学生对中华民族"共同性"的认同不应局限于学校教育,而是包括学校教育、家庭教育、社会教育在内的全景式教育;亦不能囿于学校场域,而是包含学校、家庭、社区、政府、企业等各社会关系主体在内的全员式育人场域。其次,铸牢中华民族共同体意识的全人取向课程理念指向开放、协同的全员育人模式,需要创设和搭建有利于教育主体力量汇聚、教育资源同向发力、教育载体协同共进的开放式"教育场域"。在这个场域内可以激活并聚合校内外各类教育主体、资源和载体,形成育人合力,协力推进铸牢中华民族共同体意识。最后,群际接触理论表明,增加不同群体成员间的社会性接触有助于群体间关系的改善,群体间的接触能通过增进了解、缓解焦虑、产生共情等机制改善群际关系。家校社共育的育人合力将形成各族师生群体接触的育人平台,增加彼此交流接触的频次,更好满足各族学生

---

① 王传发,毛国旭.增进共同性:铸牢中华民族共同体意识的学理[J].贵州大学学报(社会科学版),2022,40(4):34-41.

在学习、生活、交往等方面的各种诉求,以增加他们对共同体的情感归属和认同,并逐渐上升到对中华民族共同体的归属和认同。总而言之,只有在家校社各关系主体的育人合力之下,铸牢中华民族共同体意识的课程理念才能打破育人壁垒,真正发挥出课程在铸牢中华民族共同体意识中的应有作用。

二、铸牢中华民族共同体意识的全方位育人模式

铸牢中华民族共同体意识是党和国家做好意识形态领域工作,构建和谐民族关系的关键举措,对于实现中华民族伟大复兴意义重大。从中华民族共同体意识的建构逻辑与内容构成来看,铸牢中华民族共同体意识需要借助生活化的教育实践活动,促使社会个体从认知和行动两方面增强对中华民族共同体的认同。具体而言,需要学校教育、社会教育和家庭教育通力协作,以中华民族共同体意识教育空间的建构和拓展来进一步发挥教育实践对于个体中华民族共同体意识建构和认同的功能与价值。[①]换言之,铸牢中华民族共同体意识"全方位育人"模式主要是指所有课程要调动多个教育场域中的一切可利用的资源,将隐性课程资源与显性课程资源相结合,充分提升铸牢中华民族共同体意识的实效性。

(一)显性课程:中华民族共同体意识全方位育人的主渠道

从意识生成的逻辑来看,中华民族共同体意识属于个体后天生活实践的产物,在观念层面体现着个体对中华民族共同体这一客观存在的认知与认同程度。这意味着个体对中华民族共同体的认同并非是自然发生的,而是其在与他者共同生活的过程中,通过主体间平等的沟通交流与对话,以持续习得标识中华民族共同体存在的知识,逐步将中华民族共同体的价值观念、社会行为准则、伦理道德规范等纳入自身的社会认知结构体系之中,并据此开展社会行动而产生的。在此意义上,中华民族共同体意识在本质上属于植根于个体深层心理的主观建构存在,它需要通过主体主动的建构活动来显现自身,并在其实践行动中得以现

---

① 王稳东.铸牢中华民族共同体意识的教育机理及其实现[J].西北师大学报(社会科学版),2021,58(5):67-74.

实化。意识为精神活动,其确立也就是意识铸牢的过程,在这一过程中还必须注意从教育去着手。斯宾塞在1859年发表的著名文章《什么知识最有价值》中最早提出"curriculum"(课程)一词,意指"教学内容的系统组织"。显性课程是学校教育中有计划、有组织地实施的课程,是根据国家或地方教育行政部门颁发的教育计划、教学大纲编制的"正式课程"或官方课程,是学校教育系统的核心环节,是中华民族共同体意识融入教育的重要渠道,同时也是铸牢中华民族共同体意识的主要阵地。培育中华民族共同体意识需要在不同社会成员之间建构共享的历史文化记忆和共享的现实文化形式,从中凝练出全体社会成员共同遵循的价值共识,为全体社会成员生成共有民族认同打下文化和心理基础。这种文化与心理的基础构建需要通过显性课程这样具有官方性和系统性的教学活动进行,在其中讲清楚中华民族共同体意识的基本内涵、价值意义、地位作用等,使各民族学生深刻认识和理解中华民族共同体意识的精髓。

(二)隐性课程:中华民族共同体意识全方位育人的融合剂

铸牢中华民族共同体意识的核心是解决认同问题。从心理学意义上看,认同是个体对自我身份的确认以及对所属共同体的认可。只有具备心理认同,才会将其转化为情感上的接纳与行为上的支持。仅进行被动的知识传授,缺乏深切的情感体验和情理交融,则难以内化和生成积极的心理认同。因此,铸牢中华民族共同体意识的课程理念指向的是在个体认同上升为集体认同乃至中华民族共同体认同的过程中,应结合学生的认知习惯和心理特点,加强情理交融的体验式、共情式教育道路的探索实践,妥善解决学生在学习、生活、工作中的利益关切点、情感共鸣点和需求关注点,促进各族学生广泛交往、全面交流、深度交融,使其对共同体的情感与认同不断升华。此外,铸牢中华民族共同体意识的关键之一是引导各族学生正确认识"一"与"多"的关系,以及共同性与差异性的关系。隐性课程在唤醒学生对中华民族共同体意识的情感认同方面有着重要作用,特别是以情感融入和价值引导为线索,优化共同体"重新分类"的内涵和形式,可以建构跨学科、跨专业、跨族别的"共同体",打破单纯以地域、族别为标准的社会分类,使各族学生能正确认识到"各民族像石榴籽一样紧紧抱在一起",我们都是中华民族共同体的一分子。同时,隐性课程在"共情"思维培养上也有着不可忽视的作用,"共情"思维可以形成构建中华民族共同体意识的情感基础,使得学生在中华民族共同体中有所得、有所依、有所属,内生对共同体的依赖、热爱、奉献等情感,消除固有族群边界和地缘边界可能引致的狭隘民族主义和地方主义思想,实现从个体意识到整体意识、从差异意识到共性意识的二维观念结构转变。[1]让学生充分领略中华民族大家庭中各个成员丰富多彩的文化艺术活动,满足学生对中华民族共同体的想象与期待,深化对"中华民族一家亲,同心共筑中国梦"的情感认识和价值共识。

三、铸牢中华民族共同体意识的全过程育人模式

铸牢中华民族共同体意识是习近平新时代中国特色社会主义思想的重要组成部分,同时承载着引领全国各族人民自觉肩负中华民族伟大复兴的历史任务和时代使命的重担。它不是某一学段或某一教育群体的阶段性目标,而是贯穿育人工作全过程的目标。"全过程育人"是从时间维度对育人提出的要求,即以学生成长规律和发展需求为依据,不间断地将铸牢中华民族共同体意识贯彻到育人课程中,其持续性和连贯性是全过程育人的两大特征。

(一)整体设计

中华民族共同体意识涉及学科课程和主题教育课程等,在贯穿课程教学的全过程中,由于课程与课程之间的性质不一样,所以容易出现各自为政的现象。但从另一个角度来说,中华民族共同体意识亦在各课程之间建立了一个相通的联系,使各类课程都在育人目标和育人方向上保持一致。铸牢中华民族共同体意识要求各教育主体相互配合、各教育要素相互协调,实现系统性与协同性相统一;要求尊重学生的主体地位,强调育人主体的协调性,注重育人过程的连贯性,

---

[1] 王云芳.中华民族共同体意识的社会建构:从自然生成到情感互惠[J].中央民族大学学报(哲学社会科学版),2020,47(1):43-52.

突出育人工作的整体性功效。教育诸要素协同配合,是实现育人工作的前提。这个前提使得铸牢中华民族共同体意识在课程中通过整体设计,实现各学科的中华民族共同体课程资源素材有效整合,打破学科藩篱,发挥整体效应成为可能。为此,全人取向课程理念下的全过程育人模式重视从整体性出发,解决教学与日常的衔接问题,解决课内与课外的断点问题,将铸牢中华民族共同体意识育人工作贯穿于各学年,渗透在各学段,强化于各课程,融入各方面,挖掘育人主体元素,推动教育主体联动,打造融合性交叉学科课程,以有效避免各课程在发挥铸牢中华民族共同体意识作用上各自为政的情况。可以说,注重整体设计,使各教育主体协调配合,是厚植各民族爱国情怀,培育各民族共同奋斗目标,塑造可以担当中华民族复兴大任的时代新人的关键。

(二)过程性与结果性的统一

"世界不是既成事物的集合体,而是过程的集合体。"[①]任何事物都不能独立存在于世界之中,也不能独立存在于世界之外,而是与其他事物构成相互作用的关系体。正如习近平总书记在2014年中央民族工作会议上指出:"各民族共同开发了祖国的锦绣河山、广袤疆域,共同创造了悠久的中国历史、灿烂的中华文化。我国历史演进的这个特点,造就了我国各民族在分布上的交错杂居、文化上的兼收并蓄、经济上的相互依存、情感上的相互亲近,形成了你中有我、我中有你,谁也离不开谁的多元一体格局。"在此意义上,促使中华民族共同体意识在个体层面的建构也就意味着将中华民族共同体存在的民族记忆通过恰当的途径纳入其社会认知结构之中。而课程作为有意识有目的的文化传承实践活动,自然需要通过对中华民族核心价值观念与主流文化的系统性传播来促使个体对中华民族共同体的认同,并通过持续强化中华民族共同体记忆来不断提升个体对中华民族共同体的理解。与此同时,铸牢中华民族共同体意识既要有前一阶段学生已有认知水平的铺垫,又要有后一阶段课程内容的延伸,不能孤立地看待某一铸牢

---

① 中共中央马克思恩格斯列宁斯大林著作编译局.马克思恩格斯选集(第四卷)[M].北京:人民出版社,2012:250.

中华民族共同体意识课程,要充分利用辩证法的观点,承上启下、横纵贯穿,关注育人的整个过程。铸牢中华民族共同体意识全过程育人模式突出课程的连贯性,具有时间属性。全过程育人强调应从学生学习出发,以学年为育人时间单位,以日常生活为育人关键点,兼顾节假日,将中华民族共同体教育渗透在学生生活始末。总之,铸牢中华民族共同体意识是一项长期性、系统性工程,并非一蹴而就,其具有过程性特征,故而学校应把握学生发展的关键点,构建中华民族共同体意识课程的衔接机制,注重过程性与结果性相统一,使学生逐渐形成与巩固中华民族共同体意识。

(三)中华民族共同体意识的课程生活全程渗透

个体心理结构形成是一个包含认知、情感、意志、行动在内的复杂过程,教育并非简单的"知识传导—接受"的线性关系,而是一个螺旋式上升的复杂动态过程。中华民族共同体意识在受教育者个体社会认知结构中的建构不可能仅仅依靠纯粹知性的方式就能达成,而需要依靠受教育主体行动的发起并在其真实的社会行动中方能逐步达成,进而实现知情意行的有机统一,个体进而能够以知的引领来理性地开展社会行动,并在行的不断改善中提升知的水平。故此,需要充分激发其行动的欲望,让其在参与社会行动的过程中,通过对自身行动及其结果的伦理允诺和责任承担,在身体力行的切身体悟和行动反思中,不断增强对中华民族共同体意识的理解和认同,从而能够将教育者外在的规范要求转变为自身行动的内在需求,从以他者引导为主的教育转变为以自我实现为主的自我教育。[1]因此,铸牢中华民族共同体意识的基本课程理念强调克服教师中心主义的思维模式,尊重学生的认知规律和接受特点,积极建构平等交互的主体间性教育关系,把学生作为平等伙伴而非灌输对象,不仅将教育的关注点引向知识传输,也引向受教者情感获得、利益满足等内在需求,实现中华民族共同体意识由"虚"到"实"、由"知"入"行",实现中华民族共同体意识的课程生活全程渗透。

---

[1] 王稳东.铸牢中华民族共同体意识的教育机理及其实现[J].西北师大学报(社会科学版),2021,58(5):67-74.

第二节 铸牢中华民族共同体意识的全面发展课程理念

人的全面发展理论是马克思人学理论的核心。马克思认为,人的本质不是单个人所固有的抽象物,在其现实性上,它是一切社会关系的总和。人以一种全面的方式,就是说,作为一个完整的人,占有自己的全面的本质。[①]人的全面发展中的"人"并非抽象的、孤立的个体,而是具体的、现实的置于历史进程及社会生产中的人,且人的全面发展既指向个体人的发展,也包含人类总体的发展。中华民族共同体意识是指中国各民族在历史演进、现实实践中形成的共同精神认知、心理意识和价值认同。[②]这既包含各民族的发展,也包括民族的总体发展,人的发展离不开社会的发展,亦离不开各民族的发展,各民族的发展是人的发展的外部动力与导向。故而,铸牢中华民族共同体意识,必然要坚持全面发展的课程理念。

一、铸牢中华民族共同体意识全面发展课程理念的根本基点

马克思认为,一切历史的首要前提在于有生命的个人的存在。而人作为社会存在物,是认识与改造社会的主体性存在,且人的发展依赖于现实社会及其关系。人的全面发展既离不开主体范畴的人,也离不开由主体的人生产的现实社会。铸牢中华民族共同体意识不仅是国家意志的一种体现,也是个体不断追求人格完满的过程。因此,生活在一定社会关系中的现实的个人,与客体范畴的现实社会共同构成了马克思历史观及铸牢中华民族共同体意识全面发展课程理念的根本基点。

[①] 马克思.1844年经济学哲学手稿[M].中共中央马克思恩格斯列宁斯大林著作编译局,编译.北京:人民出版社,2014:81.
[②] 卢晓莉.铸牢中华民族共同体意识的三重维度[J].边疆经济与文化,2022(9):81-84.

(一)主体范畴:现实的人

在《德意志意识形态》中,马克思和恩格斯提出了"现实的个人"的概念,即有生命的、立足于现实中的个人。现实的个人既是马克思、恩格斯创立唯物史观的基础和前提,也是马克思考察人的发展问题的出发点和落脚点。马克思指出:"我们开始要谈的前提不是任意提出的,不是教条,而是一些只有在臆想中才能撇开的现实前提。这是一些现实的个人,是他们的活动和他们的物质生活条件,包括他们已有的和由他们自己的活动创造出来的物质生活条件。"[1]其中,人的全面发展中的"人"是指从事生产活动的每一个人,而每一个全面发展的人都是处于一定历史条件中的人。[2]因此,"现实的个人"作为主体范畴贯穿于马克思人学理论的始终,是马克思论述人的本质以及人的全面发展问题的根本范畴。要在课程中实现铸牢中华民族共同体意识,离不开"现实的个人"的认知程度、能力素养等。同时,人的发展既具有世界性也具有民族性,实现人的全面发展既应遵循马克思关于人的发展的基本理论,也应从国家和民族的具体情况出发,体现自身的特点。基于此,铸牢中华民族共同体意识全面发展的课程理念不仅指向现实的个人,同时指向各民族的民族特殊,强调的是增强各民族学生对自身与国家的体制性联系的认知,增强民族身份的认同感、自豪感,同时,也体会中华民族共同体对各民族差异的包容性。

(二)客体范畴:现实社会

主体与客体作为一对关系范畴,意指事物的认识者、实践者与其对象的关系。现实的个人作为发展的主体,在具体的历史进程中认识、实践并产生一定的社会关系,从而决定了现实社会作为现实个人的客体对象的存在。马克思曾指出"社会不是由个人构成,而是表示这些个人彼此发生的那些联系和关系的总

---

[1] 中共中央马克思恩格斯列宁斯大林著作编译局.马克思恩格斯选集(第一卷)[M].北京:人民出版社,2012:146.
[2] 刘明松.马克思的"个人观"与人的全面发展[J].江汉论坛,2009(12):50-53.

和"①,人是只有在社会中才能独立的动物②。马克思在考察人的发展问题时多次涉及人的发展与社会发展之间的关系,认为人的发展与社会发展互为手段和目的,人的自由全面发展是社会发展的终极理想。同时,马克思通过对社会历史形态的考察,揭示了人的发展的历史进程,明确了要以人的全面发展作为未来社会发展的核心与理想目标形态,这也要求我们关注现实的人与现实的社会,促使个人发展与社会发展协同并进。换言之,铸牢中华民族共同体意识不仅要关注主体范畴的现实人,还要关注客体范畴的现实社会,使各民族的发展与中华民族共同体的发展齐头并进。正如习近平总书记在全国民族团结进步表彰大会上的讲话中指出的中华民族的历史"就是各民族共同缔造、发展、巩固统一的伟大祖国的历史"。为此,铸牢中华民族共同体意识全面发展课程理念指向的是作为代际传承活动之一的课程教学活动在中华民族共同历史记忆的延续中所肩负的时代使命。要自觉将中华民族命运共同体意识教育融入课程教学之中,具体体现为课程不仅要向受教育者传播客观真实的中华民族历史,让其深刻体悟到中华民族命运共同体的关键要义,厚植民族情感和爱国情怀,还要面向当下和未来,促使受教育者对中国共产党以及中国特色社会主义道路的认同。

二、铸牢中华民族共同体意识全面发展课程理念的内容维度

在《关于费尔巴哈的提纲》中,马克思指出人的本质不是单个人所固有的抽象物,在其现实性上,他是一切社会关系的总和。即人作为社会存在物,其本质是人的社会关系。除了作为类存在物与社会存在物之外,人也作为个体完整的人存在。在这一层面,人的本质在于人的个性,而要使人的个性成为可能,就要使能力的发展达到全面性。而结合当代中国实际发展,铸牢中华民族共同体意识既是人的全面发展的需要,也是"立德树人"根本任务实现的需要。

---

① 中共中央马克思恩格斯列宁斯大林著作编译局.马克思恩格斯全集(第四十六卷)(上册)[M].北京:人民出版社,1979:220.
② 中共中央马克思恩格斯列宁斯大林著作编译局.马克思恩格斯选集(第二卷)[M].北京:人民出版社,2012:684.

（一）人的需要

马克思认为，人的需要就是人的本性，是人从事活动的根本动力。从人的需要本身出发，它既是无限的，也是广泛的，且人以其需要的无限性和广泛性区别于其他一切动物。首先，需要是不断发展着的。个人处于"需要被满足—产生新需要—新需要被满足"的循环进程中，也就是马克思和恩格斯在所说的："已经得到满足的第一个需要本身、满足需要的活动和已经获得的为满足需要用的工具又引起新的需要。这种新的需要的产生是第一个历史活动。"[①]因此，人的需要是无止境的，它随着社会历史的发展而发展，是社会发展的具体表现，同时也推动着社会历史进程向前迈进。其次，人的需要是多层次的、广泛的。马克思认为，个人在现实生活中具有多重需要，"为了生活，首先就需要衣、食、住以及其他东西"[②]。需要的多样性赋予了人之为人的本性，离开了需要，个人将无法从事任何活动。此外，需要是人发展的重要内容，无论是个体内在的维持身体机能的需要，还是社会发展赋予个体的外在需要，都以其全面性不断地推动着人的发展。据此，人的全面发展从根本上而言是人的需要的全面发展的过程，且人类的一切活动均以个体以及社会需要的产生与满足为起点和落脚点。由此，人的解放和自由全面发展亦是铸牢中华民族共同体意识课程理念的价值依据。

（二）社会关系

人作为社会存在物，本质上是一切社会关系的总和。社会关系是人从事生产活动的必要条件，只有在一定的社会关系中个人才能实现自身的生存与发展。马克思和恩格斯认为，社会关系是论述人的发展问题的逻辑起点，它是指劳动者或个人凭借一定的劳动形式以实现的人与人的关系，也就是以人为主体，由多个人在劳动中形成的合作关系。社会关系同自然关系共同构成人生活生产的双重关系，具体决定着人的发展程度，但任何"关系"都是为"我"，即人自身的存在。

[①] 中共中央马克思恩格斯列宁斯大林著作编译局.马克思恩格斯选集（第一卷）[M].北京：人民出版社，1972：32-33.

[②] 中共中央马克思恩格斯列宁斯大林著作编译局.马克思恩格斯选集（第一卷）[M].北京：人民出版社，1972：32.

社会关系的发展是人的全面发展的重要内容,马克思曾指出"个人的全面性不是想象的或设想的全面性,而是他的现实关系和观念关系的全面性"[1]。其中,观念关系的全面性意指个体的意识形态与社会发展之间的吻合程度[2],亦可理解为人与社会的关系发展程度。社会关系的全面性与人的发展相辅相成,社会关系以人为主体,其发展主要依赖于人的生产与交往活动,而人的发展也以社会关系为基础,人在一定的社会关系中实现自我解放,从而实现全面发展。因此,实现社会关系的丰富性与全面性从根本上为人的全面发展提供了现实条件与实践可能。在当代社会,社会关系呈现开放性和复杂性,主体价值观呈现多样性和差异性,如何妥善处理价值多元与共识的关系,形成全体社会成员共同的价值共识是建设理想社会的关键,也是铸牢中华民族共同体意识的重要内容。换言之,铸牢中华民族共同体意识,首先要理解中华民族共同体是中华民族人民社会关系交互的一种表现,这种表现具体到铸牢中华民族共同体意识全面发展的课程理念,即需要个人理解中华民族共同体是由各民族组成的事实,然后促进各民族对中华民族的认同。使个体在社会关系中对中华民族同一性关系进行确认,具体包含对多民族国家存在的"一"与"多"、求"同"与存"异"、统一性与多样性、物质与精神等关系的处理。

(三)交往实践

以马克思的交往实践观来审视教育活动,教育即教育者与受教育者通过以教育内容为中介的有目的的交往活动而实现彼此改造、平等对话、达成共识的主体间性的过程。在主体间性的教育实践中,教育呈现出鲜明的特质:一是教育目标的求同性,即交往的过程应该是寻找和发现共同点的过程或理解的过程。交流是一种寻找"共视"和"共识"的永不停息的过程。[3]二是教育主体的平等对话

---

[1] 中共中央马克思恩格斯列宁斯大林著作编译局.马克思恩格斯全集(第四十六卷)(下册)[M].北京:人民出版社,1980:36.
[2] 赵卫.究竟怎样理解马克思的人的"全面发展"思想?——兼答韩庆祥同志[J].哲学研究,1992(4):21-27.
[3] 马文通.Communication 的译名和意义[J].读书,1995(10):139-141.

性,即强调教育者与受教者之间的平等对话性。教师和学生是平等合作、交互共生的关系,通过平等交往、真诚交流,努力实现主体间心理情感上的共鸣、意义感知上的共悟和价值认同上的共识。三是教育场域的开放性,交往实践的频繁互动以及主体间共同作用的对象(教育中介)的丰富性决定了教育是一种开放式教育。凡是有利于教育目标达成的教育主体、教育资源、教育载体都可以加以利用,并通过有效的机制构建,实现主体聚合、资源整合,最终生成"1+1>2"的育人效应。

交往实践理论为铸牢中华民族共同体意识提供了认识的实践逻辑。一方面,教育需要基于受教育者的认知心理和时代特点,克服传统"美德袋"教育,即习惯把既定的各种道德规范或理论"灌进等待装卸的心理和道德洞穴中"的无效或低效输出模式,积极创设教育者与受教者平等交互、合作对话、真诚交流的知识输出方式和话语传播方式,让铸牢中华民族共同体意识这一宏大叙事切实转化为受教育者听得懂、愿意听、真正入脑入心入行的认知共识和行动自觉。另一方面,铸牢中华民族共同体意识课程也应是一种实践性、体验性的教育。要创设有利于融合主体认知、情感、理解、体验和想象,有助于激发主体情感共鸣、感知共悟、价值共识的社会交往空间或场景,引导学生广泛交往、全面交流、深度交融,并自觉建立起自身与国家、与社会、与中华民族乃至与世界的关联意识和意义联结,克服后现代主义交往实践片面强调个体主体性、价值选择性和自由性所带来的狭隘民族主义和历史虚无主义。

三、铸牢中华民族共同体意识全面发展课程理念的内在实质

"实质"作为一个哲学范畴,是指某一事物自身固有的性质,亦可理解为该事物的内在含义。"人"作为人的全面发展中的核心概念,是马克思考察人的发展问题的逻辑起点,也是马克思人学理论的出发点。在马克思关于人的全面发展的论述中,他既关注个体人的全面性,同时也追求人类整体的发展。以"人"这一主体为基本点,对个人发展的现实追求以及对人类整体发展的理想关怀是对人的

全面发展内在含义的总体概括。[1]铸牢中华民族共同体意识全面发展课程理念的内在实质既包含个体人发展的现实追求,也包含对中华民族共同体总体发展的理想关怀。

(一)现实追求:个体人的发展

"人"作为马克思人的全面发展理论的着眼点,并非指"某一个人",而是指每一个人,是处于一定社会关系中的现实的个人,他强调每一个人、一切个人的全面发展。"个人的全面发展"抑或"个人的自由全面发展"是马克思在论述人的发展问题时的一贯提法。在《共产党宣言》中,马克思和恩格斯指出,未来的共产主义社会将是"一个联合体,在那里,每个人的自由发展是一切人的自由发展的条件"[2]。在《德意志意识形态》中,马克思和恩格斯着重突出了现实的个人,认为有生命的个人的存在是人类历史的前提,个人作为社会存在物,通过劳动和生活生产了国家以及社会结构。在《1857—1858年经济学手稿》中,马克思强调,全面发展的个人作为历史的产物,个人的能力及个人的社会关系的发展要达到一定的普遍性和全面性。由此,每一个人即一切个人的全面发展是马克思一生所关注和追求的目标,是其学说的主要价值指向,也内含了马克思哲学的观点与价值取向。中华民族共同体意识是各民族以共同体形式存在、发展、生产、交往的过程中得以生成并延续下来的社会意识,是一种具有重要反作用的精神存在。不同于其他集体意识,中华民族共同体意识是理性思维和感性情感的统一。中华民族共同体意识不仅包含各民族在共同实践中得以发展的理性思维,还包含各族人民共有的温情眷恋的感性记忆。它蕴涵着中华民族共同体成员所共享的安全感、归属感、信任感、眷恋感、幸福感、认同感等一切美好感受,因而它具有其他集体意识所不具有的高度凝聚力、强大吸引力、特殊感召力,成为各民族命运与共、紧密相依的精神桥梁。因此,中华民族共同体意识能够以一种认同的力量,凝聚各民族共有的精神、记忆、情感,并使每个人都能共享其构建的温馨家园和心灵

---

[1] 顾相伟.马克思人的全面发展思想的当代价值研究[D].上海:上海师范大学,2010.
[2] 中共中央马克思恩格斯列宁斯大林著作编译局.共产党宣言[M].北京:人民出版社,2018:4.

归属,从而获取更多的精神动力,实现自身的全面发展。可以说,中华民族共同体意识不仅是集体意识,更是个体在共同体中实现自身精神解放、获得全面自由发展的精神支撑和重要路径。故而,铸牢中华民族共同体意识的课程基本理念不仅指向在具体的社会历史条件中存在的个体人的发展,而且指向这种社会历史条件下各民族之间的社会交往与中华民族的整体发展。

(二)理想关怀:类总体的发展

人既是社会存在物,也是类存在物。作为社会存在物,人的全面发展以现实的个人为主体表征,强调人作为有生命的、劳动着的个体存在的发展,也就是马克思关于个人发展的现实追求。作为类存在物,人是一种个体主体性与差异性被淡化、消灭了的普遍性存在,类存在这一概念也是对人类共性的抽象概括。[①]在马克思关于人的全面发展的界说中,人的全面发展既包括个体人的全面发展,也包括类的全面发展。马克思在考察人的全面发展问题时将"现实的个人"作为核心和着眼点,追求个人的全面发展,同时也关注人类总体的发展,并将全人类的解放视为人的全面发展的理想目标。个人的发展与类的发展互为目的和手段。一方面,人类总体的发展依赖于每一个感性的、有生命的个人的存在及其生产活动。类总体是对个体的人的抽象概括,是由个体的人构成的,其发展需借助个人的发展表现出来,并以个人的全面发展为手段。只有个人的能力、社会关系等发展到一定程度,才能实现人类总体解放与发展。反之,以牺牲个人为代价的类的发展,是片面的、畸形的,在一定社会历史条件下会加深个人与类之间的矛盾。另一方面,一切个人的全面发展也以类总体的发展为基础和前提,类总体的发展能够为个人提供物质条件,使个人在劳动中更为自由地发挥体力和智力,摆脱物化关系的压迫与统治。因此,个人的全面发展与类的全面发展的有机统一是人的全面发展的理想状态,也是个人与类之间的矛盾斗争得以解决的现实表现,体现着马克思对人及社会发展的深切关注。

就"中华民族共同体意识"来说,这一意识则体现为个体对自身所属的民族、

---

① 徐春.马克思《1844年经济学哲学手稿》的人学建构[J].上海师范大学学报(哲学社会科学版),2017,46(4):23-29.

本民族与他民族的关系等问题的"个体性"追问与认知。这种意识的"个体性"体现在三个层面,一是就其形成而言,"中华民族共同体意识"是每一位中华儿女基于个体人生经历及其生命体验所形成的;二是就其实体性内容来讲,"中华民族共同体意识"是由每一位中华儿女的"个体性民族意识"所汇聚(或有机组合)而成的;三是就其最终的落实来说,"中华民族共同体意识"要落地生根,就需要每一位中华儿女都铸牢这一意识,并愿意为之奋斗甚至献出宝贵的生命。事实上,"中华民族共同体意识"的个体性与社会性是有机统一且相互作用的,"民族意识不是抽象的,是来自生活中的实践同时也表现在他们的行为之中,个体的民族意识和感情汇聚成群体的情绪,而群体的情绪又会反过来影响个体的民族意识和民族感情"[1]。这决定了铸牢中华民族共同体意识的课程理念,不仅在于认同各族人民在共同开拓疆域、书写历史、创造文化中所培育的"中华民族一家亲"的民族精神,更在于让这一意识"内化"为每一位中华儿女自觉投身实现中华民族伟大复兴的"潜意识",由此在个体意识与社会集体意识的互动中,实现"中华民族共同体意识"的落地生根,使之成为实现人民对美好生活向往的有生力量。

第三节 铸牢中华民族共同体意识的主题统整课程理念

主题统整课程理念强调将具有内在关联或逻辑的主题进行有效的整合,改变以往的单一学科课程教学方式。中华民族共同体蕴藏着中华民族的智慧,融中国各民族文化为一体,形成的优秀中华民族文化是学生丰富多彩的学习资源,对发展学生的情感态度与形成中华民族共同体意识有着深远的影响。

---

[1] 马戎,周星. 中华民族凝聚力形成与发展[M]. 北京:北京大学出版社,1999:58-59.

一、铸牢中华民族共同体意识主题统整的课程内容观

课程的内在结构是由课程目标、课程内容、学习活动方式及课程评价等要素组成的。其中,课程内容是构成课程的基本要素,它与课程目标之间有着内在的逻辑联系。课程内容的质量,影响着教学活动的组织、课程目标的实现以及教育质量的提高。中华民族共同体意识的生成和铸牢离不开中华优秀传统文化,但这些内容需要根据学生的发展程度和认知水平进行筛选。因此,合理选择课程内容,坚持主题统整的课程内容观,是在课程中引导学生铸牢中华民族共同体意识的关键所在。

主题统整的课程内容观关注学生对多学科知识的建构与运用,而不是局限于纯粹的文本研究与零碎知识的学习,这也是主题统整课程内容观与传统课程内容观的核心区别。具体来看,主题统整的课程内容观主要强调建构符号认知、唤醒情感认同、形成价值理性三点。

(一)建构符号认知:中华民族共同体意识主题统整课程内容的基础

认知是人们获取和处理信息的过程,依赖于知觉、记忆、思维、学习等心理活动,是在感知中不断生发的。认知经历了意识的信息化输入,被主体接受并在头脑中进行加工处理,从而获得较为稳定的认识或印象。青少年对中华民族共同体意识的认知体现为对中华民族历史事实、现实状况及未来发展方向的正确认识和理解。只有在认识到中华民族是一个"实体"存在后,青少年才会自觉地生发出相应的情感和行动。作为一种集体认知,中华民族共同体意识是对中华民族"实体"的客观反映,是一个抽象而复杂的概念,对其的感知和理解需要借助象征符号。一套系统的各民族共享的中华民族共同体意识知识体系和行为规范符号,就是用中华民族"具体的媒介物表现某种特殊的意义"[1],并用由象征符号组成的知识图式感知和理解世界,让主体能通过中华民族共同体意识的知识表征

---

[1] 何星亮. 象征的类型[J]. 民族研究,2003(1):39-47.

认识共同体意识的本质属性。中华民族在漫长发展历程中,产生了一些固定的、具有代表性的象征符号,如山川、河流、建筑物等地理符号,神话史诗、语言文字、艺术作品等文化符号,重大历史事件、代表性历史人物等历史符号,仪式庆典、传统节日、民风民俗等生活符号。这些符号作为中华民族历史记忆网络中最小的"单位",是中华民族意识的凝练和具象化表现,对青少年形成和强化中华民族集体记忆和情感认同有重要作用。

中华民族共同体意识是体系化的认知,但囿于青少年文化习俗、生活地域等的差异,其在生活中接触形成的感性经验具有选择性、碎片化的特征,难以全然转变为系统化的知识体系。由此,青少年在课程中生成对中华民族共同体意识的正确认知,除了通过象征符号的感知外,还需要将其整合为系统的集体记忆。集体记忆是社会学家哈布瓦赫在涂尔干的"集体意识"理论的基础上提出的,他认为集体记忆是人们在交往互动中以现代性叙事方式再现事件,潜移默化地影响群众的集体记忆,是"一个特定社会群体之成员共享往事的过程和结果"[1]。"一个族群,常以共同的仪式来定期或不定期地强化集体记忆,或以建立永久性的实质纪念物来维持集体记忆。"[2]中华民族集体记忆的形成和强化,很大程度上依赖于象征符号的系统认知,也正是立足于共同的历史传统、习俗规范以及无数的集体记忆,才能在追溯民族的起源和历史流变中,维持各民族成员共有的中华民族意识,中华民族的凝聚力和向心力才得以彰显。

(二)唤醒情感认同:中华民族共同体意识主题统整课程内容的关键

在中华民族共同体意识形成过程中,情感认同是认知内化为坚定信念的必经阶段。认知通过理解、记忆和接受过程将外在的知识纳入主体的认知结构中,但认知阶段中主体对中华民族共同体意识的认识大多停留在表象层面,很难将其内化为主体内在稳定的、有倾向性的情感。情感是心理学较为关注的词语,主

---

[1] 莫里斯·哈布瓦赫.论集体记忆[M].毕然,郭金华,译.上海:上海人民出版社,2002:335.
[2] 王明珂.华夏边缘:历史记忆与族群认同[M].杭州:浙江人民出版社,2013:29.

要指"个体对客观事物所持有的比较稳定的、深刻的、具有社会意义的态度体验及相应的行为反应"[①],能对个体的行为起到重要的刺激和调剂作用,影响着主体认知过程和其他心理过程的强度和倾向性。中华民族共同体意识的情感认同是伴随着认识而产生的内心体验,依赖于主体对情境的感受,及情境事件与主体联系的紧密程度,主要表现为各民族青少年对中华民族共同体的归属感。在情感认同生成中有两个重要的要素,即情境和体验。情境是情感生成的场域,能用以还原知识产生的环境,为主体提供一个心理或实践层面的亲历场域,使主体主动接受知识,实现主体与知识的融合,并在情境的互动中激发情感上的共鸣。体验则是对情境的感知,是"主体把自身当作客体,从而获得关于客体感性信息的一种感知方式"[②],是一种对自身情感和情绪的内在感受。体验可使参与主体依照特定的目的或者目标,在一定的情境中,基于集体记忆亲历产生内心情绪或感受,巩固、深化和引导主体情感的走向,这是情感形成的关键环节。进一步说,体验能形成人对情绪或情感状态的自我感受,是情感形成的出发点和归结点。各民族青少年的中华民族共同体情感是个体在经历社会现实或体验实践活动后,产生的一种对中华民族共同体意识的心理体验,在意识层面主要表现为个体对客观现实的一种主观反映。

中华民族共同体意识中蕴含的积极情感,表现为青少年对中华民族强烈的认同,对国家无私奉献的感情,对其他民族成员的接受和认同,这种情感能够凝聚中华民族内部成员的意识,促使他们产生自觉传承和保护中华文化,维护中华民族的根本利益的意识。对中华民族共同体意识而言,积极的情感与中华民族文化、利益和命运紧密相连,是各民族成员应该坚守和树立的正确价值取向和意识形态。为此,在中华民族共同体的情感认同引导中,需要通过主题统整的方式,把蕴含中华民族共同体情感的课程内容统整起来,唤起青少年关于中华民族的集体记忆,生发对中华民族正向的自豪感和自信心,进而自觉地形成对中华民族的认同感和归属感。

---

① 杨治良,郝兴昌.心理学辞典[M].上海:上海辞书出版社,2016:352.
② 陶远华.理智的困惑:当代社会科学的哲学困境及其认识论研究[M].北京:东方出版社,1989:202.

(三)形成价值理性:中华民族共同体意识主题统整课程内容的目标

意志是个体在情感影响下产生的有意识、有目的的自觉意识,它能根据目的调节支配自身的行动,以实现预定目标的心理倾向。作为中华民族共同体意识内化的组成部分,意志能将认知、情感和行为有机统一起来。相较于其他的心理因素,意志具有较强的稳定性、指向性、确定性及目的性,能维系个体处于一个较为稳定的心理状态。意志是树立中华民族共同体意识理想信念的重要保障,关系到青少年情感的稳固性和自觉行为的发生。主体坚定的信念和顽强的意志主要来自价值理性的支撑,价值理性作为意志的内核,是令人向往的某些状态、对象、目标或行为,它超越具体情景而存在,可作为在一系列行为方式中进行判断和选择的标准。[①]价值理性是个体在情境体验后不断反思中形成的内在价值判断和自觉意志,体现着个体对主流意识或核心价值观的自觉认同,使个体自觉围绕主流意识或核心价值观形成积极进取的精神和坚忍不拔的毅力。世界上绝大多数国家都是多民族国家,要将各民族的意志和精神凝聚起来,必须要有一套适应民族国家发展和维护正常社会秩序的价值系统。对我国而言,社会主义核心价值观就是中国特色社会主义的价值理性精华。[②]习近平总书记指出:"核心价值观,承载着一个民族、一个国家的精神追求,体现着一个社会评判是非曲直的价值标准。"[③]社会主义核心价值观作为一种我国各民族成员共有的价值共识,是各族成员在中华民族情感和价值理性的基础上,为实现中华民族复兴形成的一系列各民族成员自愿信奉和遵守的道德准则和行为规范,是各民族成员共同体意识自觉内化的重要支撑。因此,社会主义核心价值观能给青少年以秩序感和方向性,能引导他们的认知方向及行为规范,使之沿着中华民族共同体所要求的

[①] SCHWARTZ S H , BILSKY W . Toward a universal psychological structure of human values[J]. Journal of Personality and Social Psychology, 1987, 53(3):550-562.

[②] 张晓东.中国特色社会主义事业的价值理性精华——社会主义核心价值观之时代内涵探析[J].东南大学学报(哲学社会科学版),2018,20(6):5-12.

[③] 习近平.青年要自觉践行社会主义核心价值观——在北京大学师生座谈会上的讲话[N].人民日报,2014-05-05(2).

方向前进。同时社会主义核心价值观也为青少年的价值判断提供了意义感,强化他们认同中华民族共同体的意志,并将其转化为维护国家统一和民族团结的实际行动。总的来说,在课程中嵌入中华民族共同体意识是为了形成价值共识,故而需要始终以社会主义核心价值观为引领,牢牢把握住中华民族共同体意识的政治方向和价值方向。

二、铸牢中华民族共同体意识跨学科实践的课程实施观

跨学科实践基础下的课程实施观,实质上是在学科方向把控下对中华民族共同体意识课程内容进行统整,培养学生对中华民族共同体的价值认知,不断增进其对中华优秀传统文化、伟大祖国、各民族共同繁荣等观念的认同。在对中华民族共同体意识进行学习的过程中可以学到语文中的古诗、习俗故事,数学中的严谨态度,美术中的各民族优秀文化的多种形态……从而使学生铸牢中华民族共同体意识。

(一)跨学科实践:多门学科知识和方法

"跨学科",顾名思义是指课程实施中会涉及两门或两门以上的学科知识。但必须指出的是,在铸牢中华民族共同体意识跨学科实践的课程实施观下开展跨学科学习的根本目的,并不是让学生习得两门或两门以上学科的知识,而是引导学生综合运用两门或两门以上的学科知识来解决现实生活中遇到的民族问题,自觉树立中华民族共同体意识。知识是学不完的,课程应该"为理解而教"。根据布鲁姆教学目标分类框架,跨学科学习更多处在分析、综合和评价的认知水平,强调知识的整合、运用和再建构,而非单纯学习更多新的知识。对学生而言,跨学科学习中的学科跨界,既表现为一种被动运用,也体现为一种主动建构。"被动运用"是因为跨学科学习中的问题和任务是单一学科无法解决和实现的,多门学科的同时介入是必需的,学生自然而然会调用多门学科知识,从多门学科的视角分析一个主题、解释一种现象、完成一项任务、解决一个问题或创造一件作品。"主动建构"是因为跨学科学习中的学科跨界不是多门学科知识的碎片化呈现,

也不是简单累积的结果,而是学生认知参与之下在问题解决过程中抽象出的观念、方法、方案或模型,指向核心问题的解决,能长期保持并"举一反三"迁移运用到新的情境之中。中华民族共同体意识作为一种价值引导,反映了中华民族共同体的道德准则、精神面貌和理想追求。铸牢中华民族共同体意识需要把握中国几千年历史演进的客观规律、各民族交往交流交融的途径,涉及多学科的问题,故而需要学生综合运用多门学科的知识和方法,主动形成跨学科实践的问题解决能力。

(二)自觉实践:中华民族共同体意识的归宿

正如杜威所说,"教育是在经验中,由于经验和为着经验的"。跨学科学习不是知识的被动接受,而是对知识的自主建构。对各民族青少年价值观的引领还要通过实践将价值观外化为自觉行为,也就是从形成理性观念到用观念指导实践的过程,即自觉实践。作为中华民族共同体意识知、情、意的延伸环节,实践是主观认识、情感等与客观现实联系的中介和桥梁,是价值理性的最终目的和归宿,其能将个体内在的价值观转变为外在行为。所以说,自觉实践是意识外化的过程,就是通过行为导向、激发行为动机、启发行为自觉,同时巩固情感和意志,并将内化于心的价值理念外化为社会生活中的实践行动。中华民族共同体意识作为国家意志的高度凝练,是中华民族特有的思维意识和价值理性,这一意识的外化就是将各民族成员的中华民族情感、民族规范、价值观等自主、自觉地转化为特定的行为活动和方式,使各民族成员的行为与铸牢中华民族共同体意识目标趋于一致。

具体到青少年群体,他们的中华民族归属感、认同感的形成并非一蹴而就,而呈现螺旋式的发展趋势。在复杂多变的现实矛盾和多元价值观念的冲突中,唯有实践能够检验情感和意志的坚定性,青少年的中华民族共同体意识也只有在实践中才能得到巩固和升华。铸牢中华民族共同体意识跨学科实践的课程实施观指向的是在意志基础上生成的自觉实践,深化青少年对中华民族共同体意识的体验和认识,检验和调节各民族青少年的认识偏差,纠正他们对中华民族共同体意识的认知错误,进而树立牢固的中华民族共同体意识。为此,青少年的中华民族共同体意识的自觉实践需要以社会主义核心价值观为引导,将铸牢中华民族共同体意识与社会实践相结合,既要发挥政府、社会、学校教育对青少年的思想实践教育作用,同时也要引导青少年参与社会实践,实现中华民族共同体意识由他律向自律的转化。

(三)表达表现:经验的反思与建构

"表达表现"指向跨学科学习的输出,主要包括三个维度:一是"可观察的外显表现",如学生在学习过程中的具体行动和作为等;二是"具体化的学习结果",如问题的解决、任务的完成、结论的发现、实验的报告、作品的呈现、模型的建立、创意的设计、方案的制定等;三是"与他人的互动交流",清晰而有逻辑地表达自己的观点、接受追问、进行辩论、开展演讲等,同时能认真倾听并努力理解他人的观点和结论。"表达表现"在铸牢中华民族共同体意识跨学科课程实施观中具有两方面的作用。一方面,它能够促进经验的反思与建构。反思既是一种思维方式,也是一种元认知过程。中华民族共同体意识的培育不是一个线性、顺滑的过程,而是一个螺旋上升的复杂过程。就如杜威所说的成长性经验那般,是学生在与不同情境互动中通过体验或反思而获得的,从行动中归纳出经验,把经验升华为规律,用规律指导后续行动。如果缺少反思,无论多么丰富的体验也只能停留在粗浅、模糊、零散的水平,难以把握事物的内在本质与普遍规律。我们都有这样的体验,当我们把想法写下来时,那些模糊与抽象的观点会变得清晰与具体。当想法呈现在纸上时,我们可以看清它们彼此间的关系,并产生更好的想法,这是促进学科跨界联系非常关键的环节。另一方面,伴随学生学习过程的表达表现也是学习评价的重要组成。中华民族共同体意识难以直接观察和测量,只能通过学习者在解决问题过程中的外显行为进行推测。评价伴随下的学习能让学生及时获得学习反馈,促进认知的自我评估与自我管理,认识到自己是学习的主体。

(四)水平进阶:不同主题之间的衔接与递进

铸牢中华民族共同体意识是一个长期而复杂的过程,是多因素交互作用的结果,往往仅靠某一主题学习难以支撑,中华民族共同体意识需要在多个主题学习中实现各有侧重的提升,而不同主题的跨学科学习又由不同教师在不同学科中开展。因此,跨学科学习对学校课程之间、教师教学之间的协同性提出了更高要求。铸牢中华民族共同体意识需要对不同层次的跨学科学习进行系统设计、整体规划,处理好学期之间、学年之间、学段之间中华民族共同体学习主题的有机衔接与联系,既防止零敲碎打,也要避免同一水平的反复迂回,实现学习进阶,增强学生参与跨学科学习的自我效能感。通过循序渐进的学习使学生的中华民族共同体意识越发牢固。

三、铸牢中华民族共同体意识可持续发展的课程评价观

课程评价是一个持续开展的、复杂的动态过程,需要将本体论和方法论统整起来进行观照。课程即学生经验转化与建构的连续体,课程的过程性决定了课程评价的过程性。课程作为个体学习体验和经验生成的通道,是构成学习者成长的立体式、开放性、个性化的"生命通道"。铸牢中华民族共同体意识是一个持续性的过程,评价是课程的指挥棒,从中华民族共同体意识生成的过程看,必须坚持可持续发展的课程评价观。

(一)经验转化:可持续发展的课程评价观的着眼点

基于"学习体验"的课程评价以"课程即学习者学习经验的转化过程"为理论前提,从学习经验的持续生成、转化和建构过程中认识和理解课程评价。课程的概念内涵经历"跑道""奔跑的过程"到"经验创生的过程"。"经验创生"重新定义了课程的内在实质,引向和促进了基于"经验转化过程"的课程评价理念。

首先,课程作为学生生命成长的通道和阶梯,支撑着个体经验的创生。铸牢中华民族共同体意识嵌入课程的方式主要是以优秀的文化经验浸润和构建个

体、社会的文化经验,学习者既接受中华民族共同体意识相关的课程经验,也作为公共社会的一员参与创生新的课程经验。课程为学习者提供多样化、个性化的中华民族共同体学习体验,同时个体的学习体验和经历能够为课程评价提供有效、合理和多层面的视角,实现以评价促生长、以生长促评价的螺旋式发展。其次,铸牢中华民族共同体意识的学习经验是学习者与课程、情境相互作用过程的产物,也是课程评价应聚焦的核心。从课程运行的角度看,无论是理想课程、文件课程,还是教师领悟理解的课程,都是基于学习经验(年级、水平、特点、状态和发展趋势等)设计和研制的,是为适应和促进学生学习经验生成而运行的。学习经验的转化过程是学习者内在知识、能力、素养与文化的不断生成与转化过程,既是学生与教师协作下共同理解、领悟的真实课程运行过程,也是课程评价有效实行的前提。最后,学习经验充实了中华民族共同体意识的课程内容和体系。课程内容和体系之所以是开放的,实质上是开放的中华民族共同体学习经验决定的。开放的课程内容和体系意味着能够提供无限开阔的学习空间,可供学习者探索,而这恰恰是文化生命延续和发展的根本。只有在学习体验、经验生成和课程开展的全过程中获得课程评价的材料和依据,课程评价才真正具有合理性与合目的性。学生的成长是铸牢中华民族共同体意识在学生层面的体现之一,也是铸牢中华民族共同体意识的重要成果。学生成长可以体现为学生对中华民族共同体知识经验的转化,比如从中国认知体验、中国价值信念、中国行为意愿三个维度的表现来考察。

(二)实践旨趣:"人的发展"本位的课程评价建构

"人的发展"即学习经验的改造和个性化经验的建构。当代课程评价理论正在重新审视"以评价聚焦人的发展"的实践性问题。有学者认为,21世纪以来的课程改革在兼顾社会变革的同时,呈现出以个人为本位的课程价值取向,引发课程目标、内容、组织和课程评价的重大调整。[①]从课程评价立场来看,以学生为主体的学校课程评价,就是以尊重学生作为意义主体的价值显现为己任,凸显学生

---

① 曹茂甲.建国70年来我国基础教育课程改革价值取向的变迁[J].上海教育科研,2019(5):16-22.

对课程价值的自主判断能力，使其表达自我的实际需求、兴趣和基本态度。[1]需要确立以创新能力培养为时代追求的课程评价，并以学生的创新性思维和创新性人格为着眼点，[2]等等。"人的发展"，尤其是人的个性化发展，成为新时代课程评价的实践取向。

课程是学生个性化发展的"生命通道"，过程性课程评价论以"学习体验"为评价核心，主张建立课程评价与学生之间的互动关系，并通过课程评价促进学生个体生命成长，借鉴学习经验事件描写和反思的方式，从评价立场、价值取向和方法上回应课程评价如何实现人的发展问题。体验学习理论认为"学习是一个顿悟的过程，学习结果呈现的仅仅是过去的记录，而不是将来的知识"[3]。这启示我们铸牢中华民族共同体意识是学习者个人"修行"的过程，体验是最根本的学习方式，它构成个体的意义世界。其学习结果是一种外在的观测视角，内在的学习体验才是真实可靠的线索。以学习结果为主要评价对象的课程评价模式，表现出对课程学习过程复杂因素、具体情境的忽视，简单化课程评价运行的机理和过程。铸牢中华民族共同体意识可持续发展的课程评价观指向的是基于过程哲学、过程课程观、大课程观理论的过程性课程评价论，主张"学习体验"为核心的课程评价理念和实践样式，是超越学习结果，回归"评价以促进人的发展"的价值旨归的道路探索。

（三）操作取向：以学习体验生动再现课程真实运行的历程

学习体验能够生动再现课程真实运行的过程。首先，学习体验直接反映课程情境的质量。课程情境是学习体验最直接的生产场域，是由学习者、学习环境和学习活动共同构成的生命场域，也是体验生成和建构的介导和通道。正如梅

---

[1] 罗生全.全面而有质量的人的发展：课程评价的价值归属[J].教育发展研究，2020，40(10)：3.
[2] 闫守轩，杨运.新时代以创新能力培养为核心的课程结构性变革[J].课程·教材·教法，2021，41(2)：26-31.
[3] 库伯.体验学习：让体验成为学习和发展的源泉[M].王灿明，朱水萍，等评.上海：华东师范大学出版社，2008：23.

洛-庞蒂(Merleau-Ponty)所言,世界并非我之所想,而是我之所活。[①]铸牢中华民族共同体意识的核心之一就是学习体验,学习体验是课程情境之教育价值的具体表征。学习体验可以使学生对中华民族共同体立场的课程有更深入的理解,能够在学习者主体立场上观照课程体验发生和建构的具体过程。中华民族的真实存在参与构成了真实的中华民族共同体意识课程内容,动态的、过程性的、复杂的、即时性的体验是真实的课程与教学生活的具体内涵,留存在各民族主体生命过程中的学习体验是真实的所得课程,是课程的价值所在。其次,以关键事件作为学习体验的线索可以回溯和重现所学课程和所得课程。关注学习体验,意味着要回到真实的课程情境,回到课程中真实的"事件"。通过学习者对课程过程中具体事件的写作与回忆,以"关键事件"作为学习体验的线索回溯和重现课程运行的全过程,可以建构课程的全息景象,是观测课程质量和学习者学习过程的重要策略。以中华民族共同历史"事件"为载体,认识和分析学生学习体验,将现象分析和内在观照相结合,生动地还原课程动态的面貌,在中华民族具体事件的分析和审思中再一次与课程经验相互碰撞、直面相遇,并转化经验、改造经验,促进学习者对中华民族共同体意识学习的持续推进。聚焦于"学习体验"的铸牢中华民族共同体意识课程评价,其实践方式是通过"关键事件"的现象学式分析和解读,再现课程真实发生的历程,揭示课程质量及其内在意蕴。学习者对中华民族共同体意识的学习体验作为课程学习过程、层次和阶段的现实表征,不应该只是学习结束后的简单概括,意识到学习体验的重要性也就意味着对具体教育情境、关键事件、经验和个体发展的整体关联的重视,从而真实把握课程评价的分析线索和实践路径。

[①] 米歇尔·刘易斯-伯克,艾伦·布里曼,廖福挺.社会科学研究方法百科全书(第二卷)[M].沈崇麟,赵锋,高勇,主译.重庆:重庆大学出版社,2017:703.

第四章

铸牢中华民族共同体意识的课程教材政策文本分析

铸牢中华民族共同体意识,是党的十八大以来习近平总书记作出的重大原创性论断,是马克思主义民族理论中国化的最新成果,是做好新时代民族工作和教育工作必须牢牢把握的战略任务。铸牢中华民族共同体意识的研究是近年学界研究的热点,体现了当代中华民族共同体意识建设的发展趋势,虽开出了多元化的"良方",但仍然存在部分问题。作为铸牢中华民族共同体意识的重要基础和思想导向,铸牢中华民族共同体意识政策的法理效力和实践权力发挥着非常关键的作用和价值,而科学合理的政策"组合拳"效力则基于对政策文本科学研究下的政策决策和执行。对铸牢中华民族共同体意识的政策研究指运用科学的方法及技术对相关政策的内容、过程、结果、环境和价值等方面进行分析,从而使政策的完善和后续政策的制定达到有效铸牢中华民族共同体意识的教育目的。具体而言,是指依据教育政策分析的内容分析、过程(决策、执行和评价)分析、价值分析和环境分析四种类型框架,对铸牢中华民族共同体意识的相关政策进行定量分析、内容分析以及价值分析。

第一节　铸牢中华民族共同体意识的课程教材政策文本定量分析

政策研究是对政策的本质、特点、作用以及政策产生、发展、制定和实施规律的分析。政策研究的目的是揭示政策制定和实施过程中固有的规律,提高政策的准确性和效益性,避免不应有的政策失误。然而,自2014年"中华民族共同体意识"理念首次出现在习近平的讲话之中,[1]国家颁布了多少有关铸牢中华民族共同体意识的政策文本,年度分布情况如何,由哪些部门制定,具有什么样的特点,等等。这些对铸牢中华民族共同体意识的政策文本的实然性、整体性的基本认知学界鲜有研究。缺乏对这些问题的基本了解和认知,将会制约对铸牢中华民族共同体意识的相关政策作出科学的解释与预测,进而影响政策的有效推进。基于以上研判,本书通过对新中国成立以来国家层面的铸牢中华民族共同体意识的政策文本进行系统的定量分析,力图从宏观层面把握我国铸牢中华民族共同体意识政策文本发展的一些基本特点,以期丰富对铸牢中华民族共同体意识政策的基本认知。

一、概念界定

对概念作出科学定义本身就反映出对这一角色、事物或现象的一定深度的认识,同时定义的形成又促进这一认识过程的进一步深化。在此主要厘清三个概念,即铸牢中华民族共同体意识、文本和铸牢中华民族共同体意识政策文本。通过查阅相关研究可以知道,目前,学术界主要对"中华民族""中华民族共同体"以及"中华民族共同体意识"进行概念界定,对这三个概念的厘清和准确界定是铸牢中华民族共同体意识的基本理论前提。本书中的铸牢中华民族共同体意识

---

[1] 习近平在第二次中央新疆工作座谈会上强调 坚持依法治疆团结稳疆长期建疆 团结各族人民建设社会主义新疆[N].人民日报,2014-05-30(1).

是指"中国各民族认同中华民族是由各民族组成的民族共同体的自觉意识"[1]。这个意识至少包含国情家园意识、历史主流意识、政治法治意识、团结合作意识、共同发展意识、共建共享意识。文本（text）在《牛津高阶英汉双解词典》中的解释主要有"（书籍或杂志的）正文、本文（并非附注、图片等）；文本、文档；演讲稿、剧本、文稿等"[2]。在汉语语境中，文本是指"文件的某种本子（多就文字、措辞而言），也指某种文件"。本书所指的铸牢中华民族共同体意识政策文本是指国家层面的由全国人大、中共中央、国务院及相关部委颁发的，以正式书面文本为表现形式的各种铸牢中华民族共同体意识的规范性法律、法规。

二、研究方法、研究样本及研究变量

（一）研究方法

政策文本分析可分为三种类型：一是比较纯粹的文本定量分析，最一般的表现是对文本中某些关键词的词频统计，重在描述文本中的某些规律性现象或特点，属于传统的内容分析；二是对文本中词语的定性分析，多从某一视角出发对文本进行阐释，属于话语分析范畴；三是综合分析，即文本的定量分析与定性分析相结合，对文本既有定量描述也有定性阐释甚至还有预测。[3]本书主要运用定量分析对我国铸牢中华民族共同体意识相关的政策文本进行研究，属于传统的内容分析。艾萨克曾指出定量方法运用在政治科学中的优点：更精确和明晰的描述有可能产生有关政治的更为精细的通则和理论，对政治学家来说，如果致力于获得更可靠的政治知识，更重要的是要形成量化概念，以便使我们不仅能根据特征去排列事项的顺序，而且能说明每一项目具有该特征的程度。[4]因此，通过对政策主体、政策客体、政策目标以及政策措施等政策文本要素进行定量分析，

---

[1] 李思言,李晓峰.中华民族共同体意识研究中的四个问题[J].内蒙古社会科学,2021,42(4):1-9.
[2] 霍恩比.牛津高阶英汉双解词典：第8版[M].北京：商务印书馆,2014:2159.
[3] 涂端午.教育政策文本分析及其应用[J].复旦教育论坛,2009,7(5):22-27.
[4] 艾伦·C.艾萨克.政治学：范围与方法[M].郑永年,胡谆,唐亮,译.杭州：浙江人民出版社,1987:101-102.

一方面可以从宏观层面把握铸牢中华民族共同体政策的整体发展历程,另一方面可以从中观或微观层面深入探讨某项铸牢中华民族共同体意识政策的具体发展过程。

(二)研究样本

本书中的政策文本数据来源主要有三个渠道:一是国家法律法规数据库;二是国务院政策文件库;三是中华人民共和国教育部政策文件库。上述数据来源渠道基本可以满足本文政策文本数据的权威性和完整性。本书以"铸牢中华民族共同体意识"作为关键词在以上渠道进行数据检索,再进行人工逐一筛查,共选取与"铸牢中华民族共同体意识"高度相关的政策文本31项。通过对这些政策文本的分析,能够从宏观上把握新中国成立以来我国铸牢中华民族共同体意识的相关政策发展的整体状况,从而为后续制定相关课程教材政策奠定基石。

(三)研究变量

本书中的研究变量主要包括:政策文本数量、发布时间、权威部门和政策类型。关于政策类型,本书参考我国学者刘复兴的说法。刘复兴认为,教育政策类型一般有四个层次:一是指某一单项政策文本,如高校扩招政策、中小学"减负"政策等;二是指关于某一教育领域的政策文本的集合,如素质教育政策、职业教育政策等;三是指一个国家总体的教育政策文本的总和,包括基本教育政策和具体教育政策;四是指元教育政策文本,也就是表达关于教育政策制定和实施的方法论的有关文本形式。[①]具体变量和指标相关说明见表4-1。

表4-1 变量和指标相关说明

变量名称	指标与相关说明
政策数量	以项为单位
发布时间	以年为单位

---

① 刘复兴.教育政策的四重视角[J].清华大学教育研究,2002(4):13-19.

续表

变量名称	指标与相关说明
权威部门	权威部门可划分为两类：一是主要的教育政策制定者，包括中共中央、全国人大、国务院、教育部等；二是除上述主要政策制定机构外参与联合制定政策的部门
政策类型	政策类型可划分为三类：一是总体性政策文本，是指国家总体的教育政策文本的总和，包括基本教育政策和具体教育政策；二是综合性政策文本，是指关于某一教育领域的政策文本的集合；三是专门性政策文本，这类文本通常是专门为服务铸牢中华民族共同体意识而制定的

三、研究结果与分析

（一）政策文本数量发展

图4-1显示出2015年至2022年我国颁发的铸牢中华民族共同体意识的相关政策文本的年度发展趋势。可以发现，2015年以来，党和国家高度重视民族团结进步教育工作，相关权威部门共颁发31项关于铸牢中华民族共同体意识的政策文本。其中，2017年党的十九大报告中提出"铸牢中华民族共同体意识"之后，每年都有相关政策文本颁发，2021年更是多达12项。

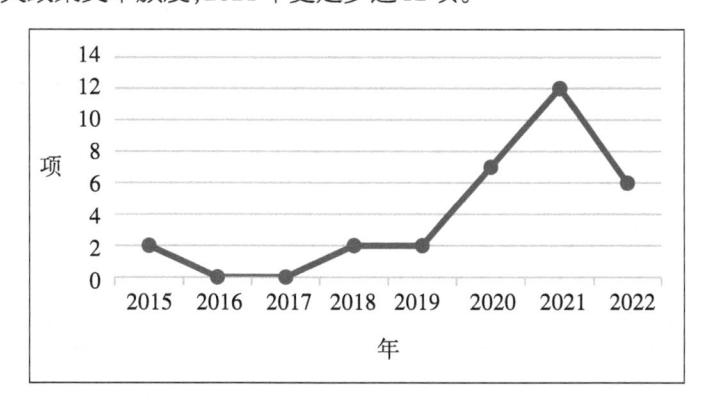

图4-1 铸牢中华民族共同体意识的政策文本年度发展趋势折线图

(二)政策文本权威部门构成

表4-2显示,有四个可以独立制定有关铸牢中华民族共同体意识政策的权威部门,即全国人大、国务院、教育部、国家语委。其中,由全国人大制定的政策文本共3项,占独立制定政策文本权威部门总数的13.0%;由国务院制定的政策文本共3项,占总数的13.0%;由教育部制定的政策文本共16项,占总数的69.6%;由国家语委制定的政策文本为1项,占总数的4.4%。其中,全国人大颁布的政策文本具有最高法律效力,国务院、教育部和其他相关政府部门次之。

表4-2 全国人大等四部门独立制定有关铸牢中华民族共同体意识政策文本的数量

权威部门	政策文本数量(项)	所占百分比(%)
全国人大	3	13.0
国务院	3	13.0
教育部	16	69.6
国家语委	1	4.4
总计	23	100

表4-3显示,在所有制定的铸牢中华民族共同体意识的政策文本中,有8项为各权威部门联合制定,其中以两个部门为主,共联合颁发3项政策文本,占联合颁发政策文本总数的37.5%。同一项政策联合制定的部门总数最多达到9个。

表4-3 联合制定政策文本的部门及数量

所含部门数	联合发布数量(项)	所占百分比(%)
2个部门	3	37.5
3个部门	1	12.5
4个部门	1	12.5
8个部门	2	25.0
9个部门	1	12.5
总计	8	100

表4-4显示,有14个政府部门和教育部联合颁发过有关铸牢中华民族共同体意识的政策文本,其中出现频率较高的部门为中央宣传部、人力资源社会保障部、文化和旅游部、国家广播电视总局、共青团中央和国家民族事务委员会(以下简称"国家民委"),其余政府部门均出现过一次。

表4-4 和教育部联合颁发政策文本的部门及出现次数

序号	权威部门	出现次数(次)
1	中央宣传部	4
2	人力资源社会保障部	3
3	文化和旅游部	2
4	国家广播电视总局	2
5	中央军委训练管理部	1
6	共青团中央	2
7	国家乡村振兴局	1
8	中共中央统一战线工作部	1
9	国家民委	2
10	中央编办	1
11	国家发展改革委	1
12	财政部	1
13	住房和城乡建设部	1
14	国家语委	1

(三)政策文本类型分布

表4-5显示,在所有关于铸牢中华民族共同体意识的政策文本中,总体性政策文本为10项,占政策文本总数的32.3%;综合性政策文本为13项,占政策文本总数的41.9%;专门性政策文本为8项,占政策文本总数的25.8%。可以看出,在

所有颁布的关于铸牢中华民族共同体意识的政策文本中,专门针对铸牢中华民族共同体意识而制定的政策占少数。

表4-5 政策类型年度分布

年份	总体性政策文本数量(项)	综合性政策文本数量(项)	专门性政策文本数量(项)
2015		2	
2016			
2017			
2018	1		1
2019	1		1
2020	1	2	4
2021	4	6	2
2022	3	3	

(四)政策文本类型与权威部门交互分析

表4-6为铸牢中华民族共同体意识的政策文本类型与权威部门的交互分析。分析结果显示,关于铸牢中华民族共同体意识的专门性政策文本均由教育部颁发,而其他权威部门颁发的均为综合性政策文本和总体性政策文本。

表4-6 政策文本类型与权威部门的交互分析

权威部门	总体性政策文本数量(项)	综合性政策文本数量(项)	专门性政策文本数量(项)
中共中央	2		
全国人大	3		
国务院	1	2	
教育部	2	6	8
联合发文	4	4	

四、研究结论

(一)铸牢中华民族共同体意识政策的时间节点与实践效应

从铸牢中华民族共同体意识政策文本的发展过程看,铸牢中华民族共同体意识政策文本的颁发呈波浪式发展,2015年、2019年、2021年是我国铸牢中华民族共同体意识政策文本发展的三个重要时间节点。2014年5月,习近平总书记在第二次中央新疆工作座谈会上首次提出"中华民族共同体意识"这一表述。但与其相关的政策规定首次出现在2015年,《国务院关于加快发展民族教育的决定》,提出要"打牢各族师生中华民族共同体思想基础",并从四个方面详细论述了铸牢中华民族共同体思想基础的措施。这是第一个时间节点。第二个时间节点是2019年,中共中央相继印发四份包含"铸牢中华民族共同体意识"表述的政策文件,其中《关于全面深入持久开展民族团结进步创建工作铸牢中华民族共同体意识的意见》是首份将"铸牢中华民族共同体意识"写入文件名称的中央文件,将铸牢中华民族共同体意识提升到前所未有的高度。在教育领域,中共中央与国务院联合印发《新时代爱国主义教育实施纲要》,强调深化祖国统一和民族团结进步教育,铸牢中华民族共同体意识,使各民族同呼吸、共命运。此后的三年间,我国共颁发了铸牢中华民族共同体意识的相关政策文本25项,占颁发总数的80.6%,反映出我国民族团结进步教育事业的深入发展。其中2021年是铸牢中华民族共同体意识相关政策文本颁发数量最多的一年,共计12项,此为第三个时间节点,表明中华民族共同体意识教育受到各政府部门的高度重视,成为焦点问题。可以看出,自2015年起,党和国家为推进民族团结进步教育做了诸多尝试和努力。这些举措正在或多或少地更新着广大民众的思想观念,增强着各民族的凝聚力和向心力。但是意识形态的形成不能一蹴而就,铸牢中华民族共同体意识是一个辩证发展、不断深化的历史过程,需要不断为之努力。

(二)铸牢中华民族共同体意识政策的多元协商共建不够

全国人大是颁发关于铸牢中华民族共同体意识政策文本的最高行政单位。教育部、国务院、中央宣传部、全国人大是铸牢中华民族共同体意识政策文本颁发的主要部门,位居发布文件数量(含联合发布的文件)的前四位。其中教育部处于核心地位,其颁发的铸牢中华民族共同体意识政策文本数量居首位。

从上述政策文本制定单位来看,一方面,全国人大、中共中央以及国务院有关部委都可以参与或者直接影响铸牢中华民族共同体意识政策的制定和执行,使政策文本制定主体呈现出多元性。铸牢中华民族共同体意识政策文本制定主体的多元性反映了铸牢中华民族共同体意识的复杂性,表明铸牢中华民族共同体意识需要以教育部为核心组织者,全国人大、中共中央、国务院等提供法律保障与制度支持,其他相关政府部门提供积极、有效的协调与配合。另一方面,虽然铸牢中华民族共同体意识的政策文本制定主体呈现出多元性,但其中专门性的政策文本均由教育部单独颁发,其他政府部门均没有颁发过专门性的政策文本。铸牢中华民族共同体意识的推进是一个社会系统工程,牵涉到社会的方方面面,并不是教育部这一个部门的问题,它需要政府各级各类部门通力合作、综合设计、协商共建,进而推进科学、系统、操作性强的铸牢中华民族共同体意识政策体系的建构。

(三)铸牢中华民族共同体意识政策的战略性地位不足

铸牢中华民族共同体意识政策存在战略性地位不足的困境,主要体现在两个方面。其一,从表4-5中可以看出,虽说我国关于铸牢中华民族共同体意识的政策文本总体上呈增长态势,但专门性政策文本数量少于总体性政策文本和综合性政策文本。其二,表4-6明确显示专门性铸牢中华民族共同体意识政策文本由教育部颁发,而全国人大、中共中央、国务院等一级国家政府部门并没有颁发专门性铸牢中华民族共同体意识的政策文本。这表明铸牢中华民族共同体意识的政策问题缺乏应有的战略性地位。在当前社会环境变得越来越复杂的情况下,政策文本更需要专门化。因为政策文本的专门化有利于对现实状况的认知和解释，从而使政策文本更加具有明显的激励色彩。因此，为促使铸牢中华民族共同体意识过程中遇到的问题得到有效解决，其应成为教育部门的优先发展领域，以加快铸牢中华民族共同体意识政策发展的专门化进程，实现变革的持续。

第二节　铸牢中华民族共同体意识的课程教材政策文本内容分析

本部分采用政策文本分析中最基本的研究视角和最基础性的研究范畴，对铸牢中华民族共同体意识政策进行内容分析研究。政策内容分析是对信息特征系统、客观、量化的分析，它主要关注政策文本的内容是否完整，所表达的语言是否严密、规范等问题。作为一个分析的焦点，政策内容提供了理论的可能性，对政策内容的考察为探查政治机器的内部动力学提供了手段。鉴于此，本书从铸牢中华民族共同体意识的政策的历史发展和具体文本中，明晰其政策内容机理，真正认识铸牢中华民族共同体意识的内涵，认清铸牢中华民族共同体意识政策的实施过程、效果及价值，进而更好地采取措施铸牢中华民族共同体意识。

一、铸牢中华民族共同体意识的课程教材政策发展脉络

政策文本是政策过程的历史沉淀物，作为一种稳定的制度表现形式，推动着政策的发展和完善。由于2014年铸牢中华民族共同体意识才被提出，因此，目前国内还没有一部专门关于铸牢中华民族共同体意识的政策文本的汇编。本书中的政策文本主要是收集、整理相关政府网站政策文本，将其作为主要数据来源，包括2015年至2022年国家层面所制定的全部有效的关于铸牢中华民族共同体意识的法律、法规，共31项。本书铸牢中华民族共同体意识政策文本的选择主要通过两种方法：一是选择政策标题中含有铸牢中华民族共同体意识的政策文本；

二是选择政策内容包括铸牢中华民族共同体意识及其类似问题（民族意识、共同体意识）的政策文本。现就收集到的关于铸牢中华民族共同体意识的主要政策文本作简要历史梳理，以期对2015年以来铸牢中华民族共同体意识政策文本的发展脉络有清晰的了解。关于铸牢中华民族共同体意识政策文本的内容，主要是从相关教育政策文本和相关法律文本中进行规范的。

从表4-7中可以看出，主要有3个法律文本从法律层面上对铸牢中华民族共同体意识进行了规范。《中华人民共和国宪法》中强调"国家保障各少数民族的合法权利和利益，维护和发展各民族的平等团结互助和谐关系"。虽未对铸牢中华民族共同体意识进行直接、明确的规定，但其从侧面反映出对铸牢中华民族共同体意识在国家层面受到的重视。《中华人民共和国家庭教育促进法》第十六条明确规定："未成年人的父母或者其他监护人应当针对不同年龄段未成年人的身心发展特点，以下列内容为指引，开展家庭教育：（一）教育未成年人爱党、爱国、爱人民、爱集体、爱社会主义，树立维护国家统一的观念，铸牢中华民族共同体意识，培养家国情怀……"《中华人民共和国地方各级人民代表大会和地方各级人民政府组织法》将"铸牢中华民族共同体意识，促进各民族广泛交往交流交融"纳入地方各级人大和地方各级人民政府的职权范围，这既是对新时代党的民族工作主线的法制回应，也是在社会各领域不断铸牢各族人民的中华民族共同体意识的现实需求，具有重大的现实意义。

表4-7　铸牢中华民族共同体意识的法律文本

年份	发布机构	法律文本名称
2018	全国人大	《中华人民共和国宪法》
2021	全国人大	《中华人民共和国家庭教育促进法》
2022	全国人大	《中华人民共和国地方各级人民代表大会和地方各级人民政府组织法》

从教育政策文本来看，主要的铸牢中华民族共同体意识的政策文本见表4-8。

表4-8 主要的铸牢中华民族共同体意识的政策文本

年份	发布机构	政策文本名称	年份	发布机构	政策文本名称
2015	教育部办公厅	《教育部办公厅关于开展新疆和援疆省市学校"千校手拉手"活动的通知》	2021	国家语委	《国家语委关于印发〈中华经典诵写讲大赛管理办法（试行）〉的通知》
2015	国务院	《国务院关于加快发展民族教育的决定》	2021	教育部、中央宣传部、中央统战部、国家民委	《教育部等四部门关于印发〈深化新时代学校民族团结进步教育指导纲要〉的通知》
2018	教育部办公厅	《教育部办公厅关于切实做好高校少数民族预科学生自主培养工作的通知》	2021	教育部	《教育部关于印发〈全国教育系统开展法治宣传教育的第八个五年规划（2021—2025年）〉的通知》
2019	教育部	《关于政协十三届全国委员会第一次会议第4266号（教育类418号）提案答复的函》	2021	教育部	《教育部关于印发〈中小学少数民族文字教材管理办法〉的通知》
2020	国务院办公厅	《国务院办公厅关于全面加强新时代语言文字工作的意见》	2021	教育部、国家语委、中央宣传部、国家民委、人力资源社会保障部、文化和旅游部、广电总局、中央军委训练管理部、共青团中央	《教育部等九部门关于开展第24届全国推广普通话宣传周活动的通知》

续表

年份	发布机构	政策文本名称	年份	发布机构	政策文本名称
2020	教育部、国家语委、中央宣传部、人力资源社会保障部、文化和旅游部、国家广播电视总局、中央军委训练管理部、共青团中央	《教育部等八部门关于开展第23届全国推广普通话宣传周活动的通知》	2021	教育部	《关于政协第十三届全国委员会第四次会议第3233号（文化宣传类139号）提案答复的函》
2020	教育部	《对十三届全国人大三次会议第5876号建议的答复》	2021	教育部	《对十三届全国人大四次会议第7111号建议的答复》
2020	教育部	《对十三届全国人大三次会议第1107号建议的答复》	2021	教育部办公厅	《教育部办公厅关于实施学前儿童普通话教育"童语同音"计划的通知》
2020	教育部办公厅	《教育部办公厅关于下达2021年少数民族高层次骨干人才研究生招生计划的通知》	2022	教育部、国家语委	《教育部 国家语委关于评选表彰国家通用语言文字推广普及先进集体和先进个人的通知》
2020	教育部	《关于政协十三届全国委员会第三次会议第4341号（教育类398号）提案答复的函》	2022	教育部办公厅	《教育部办公厅关于在职业院校开展"技能成才 强国有我"主题教育活动的通知》
2020	中共教育部党组	《中共教育部党组印发〈教育系统关于学习宣传贯彻落实《新时代爱国主义教育实施纲要》的工作方案〉的通知》	2022	教育部办公厅	《教育部办公厅关于组织开展第七届全国学生"学宪法 讲宪法"活动的通知》

续表

年份	发布机构	政策文本名称	年份	发布机构	政策文本名称
2021	教育部	《关于政协第十三届全国委员会第四次会议第2810号(教育类130号)提案答复的函》	2022	中共中央办公厅 国务院办公厅	《关于加强新时代关心下一代工作委员会工作的意见》
2021	教育部、国家乡村振兴局、国家语委	《教育部 国家乡村振兴局 国家语委关于印发〈国家通用语言文字普及提升工程和推普助力乡村振兴计划实施方案〉的通知》	2022	教育部、中央宣传部、中央编办、国家发展改革委、财政部、人力资源社会保障部、住房和城乡建设部、国家乡村振兴局	《教育部等八部门关于印发〈新时代基础教育强师计划〉的通知》

二、铸牢中华民族共同体意识的课程教材政策发展特点

通过考察铸牢中华民族共同体意识政策文本的内容我们可以发现,自2014年"中华民族共同体意识"首次出现后,我国铸牢中华民族共同体意识政策文本在解决"为什么实施""谁来实施""对谁实施"以及"怎么样实施"等方面有着显著的特点,具体表现在以下几个方面。

(一)为什么实施铸牢中华民族共同体意识政策的规范

"为什么实施"的问题涉及铸牢中华民族共同体意识的目的。从铸牢中华民族共同体意识的政策来看,铸牢中华民族共同体意识的目的主要在于为民族交往团结、实施乡村振兴战略、培养德智体美劳全面发展的社会主义建设者和接班人提供条件。如2021年《教育部等九部门关于开展第24届全国推广普通话宣传周活动的通知》明确指出"全面加强各级各类学校国家通用语言文字教育,传承

弘扬以语言文字为载体的中华优秀文化,促进提升国家通用语言文字普及程度和普及质量,助力乡村振兴战略实施,服务铸牢中华民族共同体意识",以及"为各民族交往交流交融架设沟通桥梁,为实施乡村振兴战略提供语言相通的良好条件,为铸牢中华民族共同体意识奠定坚实基础"。2021年《教育部关于印发〈中小学少数民族文字教材管理办法〉的通知》中强调"为全面贯彻党的教育方针,落实立德树人根本任务,深入贯彻党中央、国务院关于加强和改进新形势下大中小学教材建设的意见,进一步加强民族地区中小学少数民族文字教材管理,切实提高教材建设水平,确保教材坚持正确的政治方向,体现社会主义核心价值观,铸牢中华民族共同体意识,培养德智体美劳全面发展的社会主义建设者和接班人",以及"铸牢中华民族共同体意识……教育引导各族师生牢固树立正确的国家观、历史观、民族观、文化观、宗教观,不断增进对伟大祖国、中华民族、中华文化、中国共产党、中国特色社会主义的认同"。

深入贯彻教育方针,全面提升学生核心素养,切实推进素质教育,是铸牢中华民族共同体意识的正确方位。2015年《教育部办公厅关于开展新疆和援疆省市学校"千校手拉手"活动的通知》强调"'千校手拉手'活动对于加强民族团结教育,引导教育学生树立正确的国家观、民族观、宗教观、价值观,打牢'四个认同''三个离不开'思想基础,树立中华民族共同体意识具有重要作用"。2021年《教育部办公厅关于实施学前儿童普通话教育"童语同音"计划的通知》中指出"进一步加大国家通用语言文字推广力度,抓住幼儿时期的语言学习关键期,着力加强学前儿童普通话教育,为夯实终身发展基础、帮助个人成长成才、助力乡村振兴、服务铸牢中华民族共同体意识发挥基础性作用"。

(二)谁来实施铸牢中华民族共同体意识政策的规范

"谁来实施"的问题涉及铸牢中华民族共同体意识的主体和职责。2018年的《教育部办公厅关于切实做好高校少数民族预科学生自主培养工作的通知》规定:"坚持立德树人。以习近平新时代中国特色社会主义思想和党的十九大精神为指导,全面贯彻落实全国高校思想政治工作会议精神,深入推进社会主义核心价值观教育。要认真梳理各专业课程所蕴含的思想政治教育元素和所承载的思想政治教育功能,积极创新教育形式和载体,丰富教学内容,帮助学生牢固树立'五个认同''三个离不开'思想,铸牢中华民族共同体意识。"2021年《关于政协第十三届全国委员会第四次会议第2810号(教育类130号)提案答复的函》中明确指出:"教育部高度重视民族团结进步教育,一直将推进中华民族共同体意识教育进教材、进课堂、进学生头脑作为三科统编教材的重点工作,引导广大青少年学生了解中华民族和谐交融、团结奋进的历史,牢固树立中华民族共同体意识……下一步,教育部将继续认真学习贯彻中央关于民族工作的新精神新要求新部署,结合修订后的义务教育课程标准,组织编写组做好教材编修工作,进一步在三科统编教材中落实民族团结进步教育相关要求,帮助学生认识统一多民族国家的发展是中华民族历史发展的必然趋势,国家统一、民族团结是中国发展的重要基石,树立正确的历史观、民族观、国家观和文化观,打牢、增强做中国人的志气、骨气和底气,铸牢中华民族共同体意识。"2022年《教育部 国家语委关于评选表彰国家通用语言文字推广普及先进集体和先进个人的通知》规定:"各省级教育行政部门、国家语委各委员单位要高度重视,可成立相应的临时性推荐评选工作机构,负责推荐和评选工作。要从提高国家通用语言文字普及水平和质量,服务铸牢中华民族共同体意识的高度认识表彰的重要意义,将此次表彰作为深入学习贯彻习近平总书记重要指示精神,激发语言文字工作战线活力,营造积极奋发、干事创业氛围的重要契机,认真做好评选推荐各项工作。"2021年《教育部 国家乡村振兴局 国家语委关于印发〈国家通用语言文字普及提升工程和推普助力乡村振兴计划实施方案〉的通知》中强调各省、自治区、直辖市教育厅(教委)、乡村振兴局、语委,新疆生产建设兵团教育局、乡村振兴局、语委要"准确分析、明确定位,坚持目标方法效果统一,实施三大行动。聚焦民族地区,服务铸牢中华民族共同体意识,集中力量开展推普攻坚行动"。2022年《教育部办公厅关于在职业院校开展"技能成才 强国有我"主题教育活动的通知》中指出,"民族地区职业院校还应结合'文明风采'活动加强民族团结进步教育,引导各族学生牢固树立'五个认同''三个离不开'思想,铸牢中华民族共同体意识"。2022年《教育部办公厅关于组织开展第七届全国学生"学宪法 讲宪法"活动的通知》中强调,各省、自治区、直辖市教育厅(教委),新疆生产建设兵团教育局,部属各高等学校、部省合建各高等学校要"坚持与日常法治教育相结合。在宪法教育活动中增加民法典、教育法律法规、未成年人保护、劳动教育等方面的法律知识,引导学生铸牢中华民族共同体意识,树立和巩固国家安全、诚实守信、规则意识等,了解掌握自我保护、防灾减灾救灾以及防范学生欺凌、网络诈骗、人身侵害等相关法律知识和技能"。以上六项政策文本对铸牢中华民族共同体意识政策的主体进行了详细规范,即由政府、学校、家庭、社会共同来实施铸牢中华民族共同体意识政策。其中,地方各级政府、教育部门和学校是主要实施主体和关键部门,承担着更重要的职责。

(三)对谁实施铸牢中华民族共同体意识政策的规范

"对谁实施"的问题涉及铸牢中华民族共同体意识的客体和对象。2021年《教育部关于印发〈全国教育系统开展法治宣传教育的第八个五年规划(2021—2025年)〉的通知》规定要"切实增强普法的针对性和实效性,着力推动教育系统法治宣传教育高质量发展……加强民族地区普法,推动铸牢中华民族共同体意识"。2021年《中华人民共和国家庭教育促进法》规定:"教育未成年人爱党、爱国、爱人民、爱集体、爱社会主义,树立维护国家统一的观念,铸牢中华民族共同体意识,培养家国情怀。"2021年《关于政协第十三届全国委员会第四次会议第2810号(教育类130号)提案答复的函》指出:"教育部高度重视民族团结进步教育,一直将推进中华民族共同体意识教育进教材、进课堂、进学生头脑作为三科统编教材的重点工作,引导广大青少年学生了解中华民族和谐交融、团结奋进的历史,牢固树立中华民族共同体意识。"2022年《教育部 国家语委关于评选表彰国家通用语言文字推广普及先进集体和先进个人的通知》强调:"各省级教育行政部门、国家语委各委员单位在做好评选推荐工作的同时,要加强正面宣传和风险评估、应急处置。要根据本地区(系统行业)实际情况,组织开展对推广普及国家通用语言文字意义作用和先进典型的持续深入宣传,在全社会形成学习使用国家通用语言文字、服务铸牢中华民族共同体意识的良好风气,为推广普及国家通用语言文字工作营造良好的社会宣传氛围。"从政策的指向看,铸牢中华民族共同体意识问题指向全体青少年学生、未成年人以及全社会,政策从语言文字、民族团结进步教育的角度入手,将未成年人作为铸牢中华民族共同体意识的核心对象。

(四)怎么样实施铸牢中华民族共同体意识政策的规范

"怎么样实施"的问题涉及铸牢中华民族共同体意识教育的条件、方法和途径,在政策上的特点主要表现为以下几个方面。

第一,增强"五个认同",打牢思想基础。"五个认同",即对伟大祖国、中华民族、中华文化、中国共产党、中国特色社会主义的认同,是习近平总书记为民族工作指出的方向。"五个认同"表达了各族群众最基本、最深层次的情感认同和思想共识,为铸牢中华民族共同体意识提供了基本前提。如2021年颁发的《教育部等四部门关于印发〈深化新时代学校民族团结进步教育指导纲要〉的通知》指出:"教育引导各族师生切实铸牢中华民族共同体意识,树立正确的国家观、历史观、民族观、文化观、宗教观,不断增强对伟大祖国、中华民族、中华文化、中国共产党、中国特色社会主义的认同。"2019年的《新时代爱国主义教育实施纲要》也指出:"深化民族团结进步教育,铸牢中华民族共同体意识,加强各民族交往交流交融,引导各族群众牢固树立'三个离不开'思想,不断增强'五个认同',使各民族同呼吸、共命运、心连心的光荣传统代代相传。"

第二,深化课程改革,提高教学质量。相关政府部门高度重视在各级各类学校中推进铸牢中华民族共同体意识教育,不断创新教育载体和方法,打牢各民族师生中华民族共同体思想基础。首先,深化课程改革。2021年颁发的《教育部等四部门关于印发〈深化新时代学校民族团结进步教育指导纲要〉的通知》规定:"在小学高年级、初中开设民族团结进步专题教育课,各学段不少于12课时,学校可结合地方课程、校本课程以及民族团结进步宣传月、班、队会、社会实践等活动统筹实施。"其次,推进教材改革。2021年的《教育部关于印发〈中小学少数民族文字教材管理办法〉的通知》指出:"全面贯彻党的教育方针和民族理论与政策,落实立德树人根本任务,坚持以社会主义核心价值观为引领,注重把铸牢中华民族共同体意识融入教材,挖掘体现中华民族共同历史的典型人物和鲜活故事,教育引导各族师生牢固树立正确的国家观、历史观、民族观、文化观、宗教观,不断增进对伟大祖国、中华民族、中华文化、中国共产党、中国特色社会主义的认同。"最后,加快教学内容改革。2019年教育部颁发的《关于政协十三届全国委员会第一次会议第4266号(教育类418号)提案答复的函(摘要)》提出:"在全国小学高年级、初中开设民族团结教育专题课,在普通高中思想政治课程中强化民族团结教育内容,在普通高校、职业院校开设党的民族理论与政策课程,始终把开展民族团结教育、党的民族理论和政策教育作为高校思政课的重要教学内容。"

第三,开展相关教育,形成教育合力。各政府部门加快研究新时代开展铸牢中华民族共同体意识教育的有效方式、载体、路径,推动相关教育纳入学校教育体系和德育体系,形成教育合力。其一,加强国家通用语言文字教育。2021年颁发的《教育部等九部门关于开展第24届全国推广普通话宣传周活动的通知》指出:"加大国家通用语言文字推广力度,全面加强各级各类学校国家通用语言文字教育,传承弘扬以语言文字为载体的中华优秀文化,促进提升国家通用语言文字普及程度和普及质量,助力乡村振兴战略实施,服务铸牢中华民族共同体意识。"其二,开展法治宣传教育。2015年的《国务院关于加快发展民族教育的决定》指出:"坚持不懈开展法治教育和公民意识教育,把法治教育纳入国民教育体系,引导各族学生牢固树立维护民族团结和国家统一的法律意识。"2021年颁发的《教育部关于印发〈全国教育系统开展法治宣传教育的第八个五年规划(2021—2025年)〉的通知》规定:"切实增强普法的针对性和实效性,着力推动教育系统法治宣传教育高质量发展……加强民族地区普法,推动铸牢中华民族共同体意识。"

第四,加强组织领导,优化管理机制。2021年颁发的《教育部等四部门关于印发〈深化新时代学校民族团结进步教育指导纲要〉的通知》较完整地从党的领导、教材管理、师资管理、督导评估等方面进行了规范。其一,教材建设方面。"贯彻落实中小学、职业院校和普通高等学校等教材管理办法,对涉及民族、宗教等内容的教材,实行国家统一编写、统一审核、统一使用。加强对少数民族文字教材的审核管理工作。"其二,师资队伍建设方面。"学校要建立在党组织领导下,分管校领导、相关职能部门负责人、任课教师、辅导员、班主任为主体,各学科教师共同参与的民族团结进步教育育人团队","学校党组织书记或副书记应每学期至少上1次民族团结进步教育课或开展1次民族团结进步教育讲座"。其三,督导评估方面。"各级教育督导部门要将民族团结进步教育开展情况纳入教育督导内容,定期开展督导,强化督导结果运用,推动民族团结进步教育工作落地见效。各地教育部门要将学校民族团结进步教育课程开设和建设情况作为考核学校领导班子工作绩效的重要内容。"

三、铸牢中华民族共同体意识的课程教材政策问题剖析

"从广义上讲,教育法律是教育政策的组成部分,是教育政策制度化的产物。"[1]但是教育法律规范和教育政策规范的具体要求有所不同。一部完整的教育法律规范由假定、处理与制裁三个要素构成,任何一个要素的缺失都将导致该"法律规范"在实施过程中遇到某种阻碍,或使某教育法治问题产生。[2]而一部完整的教育政策规范包括目标、对象和措施三个要素。由此,本书以教育法律规范的三个要件和教育政策规范的三个要素为标准,对有关铸牢中华民族共同体意识的政策文本内容进行分析,以判断这些政策规范是否满足教育法律规范三个要素的要求和教育政策规范三个要素的要求。新中国成立以来,我国铸牢中华民族共同体意识政策文本的出台逐步规范与完善,对祖国统一和民族团结起到了很大的推动作用,但根据上述标准进行分析发现,其仍存在诸多亟待解决的问题。

---

[1] 罗生全.学业负担问题解决:模型建构与治理机制[M].北京:人民出版社,2018:364.
[2] 孙丽昕.论我国教育法律的完善[J].现代远距离教育,2011(2):51-54.

(一)铸牢中华民族共同体意识政策的法理不够规范

2021年修订的《中华人民共和国家庭教育促进法》第十六条明确规定:"未成年人的父母或者其他监护人应当针对不同年龄段未成年人的身心发展特点……教育未成年人爱党、爱国、爱人民、爱集体、爱社会主义,树立维护国家统一的观念,铸牢中华民族共同体意识,培养家国情怀……"这里只对"处理"进行了规范,即对未成年人的父母或者其他监护人的行为做出规范,但对"假定"和"制裁",即什么情况下需要对未成年人进行中华民族共同体意识教育以及如何对没有实施该教育的行为做出处罚均没有明确规定。可见,《中华人民共和国家庭教育促进法》对铸牢中华民族共同体意识相关的法律规范是不明确的。

从上文铸牢中华民族共同体意识的政策文本可以看出,目前我国并没有专门的法律文本对铸牢中华民族共同体意识做出明确的阐释和说明,关于铸牢中华民族共同体意识的法律规范只能散见于相关法律文本,这是铸牢中华民族共同体意识政策没有满足教育法律规范三个要素的重要原因所在。教育政策法律化是实现教育政策的一种最为有效的手段。而铸牢中华民族共同体意识政策的法理模糊,导致其教育政策缺乏专门性与稳定性,从而致使政策的执行不力。

(二)铸牢中华民族共同体意识政策的目标指向不够明确

纵观目前有关铸牢中华民族共同体意识的政策文本,还没有完整的政策文本对铸牢中华民族共同体意识政策的目标做出明确规范,其目标只能散见于相关政策文本。2020年颁发的《教育部办公厅关于下达2021年少数民族高层次骨干人才研究生招生计划的通知》提出:"以铸牢中华民族共同体意识为主线,聚焦民族地区巩固脱贫攻坚成果和经济社会发展人才需求,调整优化生源和学科专业结构,提高人才培养质量和人才需求契合度,更好服务民族地区经济社会发展、促进民族团结进步。"2021年《教育部关于印发〈中小学少数民族文字教材管理办法〉的通知》指出:"注重把铸牢中华民族共同体意识融入教材,挖掘体现中华民族共同历史的典型人物和鲜活故事,教育引导各族师生牢固树立正确的国家观、历史观、民族观、文化观、宗教观,不断增进对伟大祖国、中华民族、中华文化、中国共产党、中国特色社会主义的认同。"

上述政策文本对铸牢中华民族共同体意识政策目标做出了相关说明,指出通过铸牢中华民族共同体意识教育,使各族师生树立正确的国家观、历史观、民族观、文化观、宗教观,不断增强"五个认同",促进民族团结进步。这些政策目标实际上有很大的模糊性,例如正确的国家观、历史观、文化观等具体包含哪些方面并没有详细论述。同时,各政策文本对铸牢中华民族共同体意识教育目标的阐述并不一致,也没有从真正意义上制定铸牢中华民族共同体意识的教育的行动方案。这种不明确的政策目标容易导致人们将复杂的问题简单化,把铸牢中华民族共同体意识教育等同于民族团结进步教育,阻碍政策的有效实施。

(三)铸牢中华民族共同体意识政策的执行主体不够多元

总的来说,2014年以来关于铸牢中华民族共同体意识的政策文本对"对谁实施"的问题规范得比较明确,即未成年人。但是,"谁来实施"的问题却规范得并不全面。如2021年《关于政协第十三届全国委员会第四次会议第2810号(教育类130号)提案答复的函》、2021年《教育部关于印发〈全国教育系统开展法治宣传教育的第八个五年规划(2021—2025年)〉的通知》中均指出铸牢中华民族共同体意识政策的执行主体为教育部门、学校、家长,而对社会并未做出明确的规范。

铸牢中华民族共同体意识不仅是一个教育问题,更是一个社会性问题。如果社会不参与,仅从教育内部着手,其作用必定是有限的。因此,单靠教育部门和学校的力量,铸牢中华民族共同体意识问题是不能够得到有效解决的。从上文可以看出,现有的铸牢中华民族共同体意识政策文本只是针对教育部门和学校而出台的,对教育部门、学校、教师和家长提出了具体行为要求,但对社会的行为没有进行规范。铸牢中华民族共同体意识政策中对主体规范的不明确、不全面,导致铸牢对象的范围不够全面。

(四)铸牢中华民族共同体意识政策的路径不够清晰

通过对铸牢中华民族共同体意识政策内容的梳理发现,铸牢中华民族共同体意识政策是通过多个政策文本逐渐规范起来的,具体内容零散、不统一,使得具体政策措施路径杂乱、操作性不强,造成政策执行的线性化。2021年教育部颁发的《关于政协第十三届全国委员会第四次会议第2810号(教育类130号)提案答复的函》指出:"教育部高度重视民族团结进步教育,一直将推进中华民族共同体意识教育进教材、进课堂、进学生头脑作为三科统编教材的重点工作,引导广大青少年学生了解中华民族和谐交融、团结奋进的历史,牢固树立中华民族共同体意识。"此项政策文本明确指出要采取措施铸牢中华民族共同体意识,但对于什么内容进教材、进课堂、进学生头脑并没有明确说明,也没有专门的配套政策或专业化研究以及实施方案对此进行实践指导。

四、铸牢中华民族共同体意识的课程教材政策改革策略

铸牢中华民族共同体意识作为新时代党的民族工作的主线,是促进各民族增强对中华民族的认同感,共同繁荣发展的强大精神纽带。因此,要把培育中华民族共同体意识融入政策法规、教育教学和人才培养,逐步完善铸牢中华民族共同体意识的课程教材政策文本,以促进社会政策体系的高质量发展。

(一)铸牢中华民族共同体意识教育政策目标的规范具体

一项教育政策制定与出台后,政策执行者只有充分理解这项教育政策的目标,才能对政策实施过程中可能发生的问题进行预设,以选择合适的实施策略。因此,作为指导和规范人们行为的一种规则,政策目标必须准确清晰,不应模棱两可,否则政策的实施将因执行人对政策目标和内容的误解或曲解而受到阻碍。我国铸牢中华民族共同体意识的相关教育政策文本目前存在着政策目标不够清晰明了的现象,在一定程度上会影响政策实施者对铸牢中华民族共同体意识教育政策的认知,从而容易导致教育过程目标与执行过程偏离,影响政策的实行效果。因此,政策制定者在制定铸牢中华民族共同体意识的教育政策文本时,要更加具体明确地界定政策目标,使政策目标具有合理性、层次性、先进性,进而为实现预期政策目标做好方向性指导。

(二)铸牢中华民族共同体意识教育政策文本对象的完整明确

我国现有的铸牢中华民族共同体意识教育政策文本中,对各级政府部门及教育部门和各级学校进行规范的政策文本占绝大多数,只有极少数的政策文本对教师、家长和社会有关组织进行了规范。这明显是不全面的,是不利于铸牢中华民族共同体意识教育政策的全面贯彻执行的。为了加快推进铸牢中华民族共同体意识教育,引导各族人民牢固树立休戚与共、荣辱与共、生死与共、命运与共的共同体理念,不仅需要各级政府部门、教育部门以及学校的合作行动,还需要教师、学者专家、家长和社会有关组织的协同作战。因此,在制定有关铸牢中华民族共同体意识的教育政策文本时,应建立并完善对教师、家长、社会有关组织等行为主体的规范制度,共同服务于铸牢中华民族共同体意识。

(三)铸牢中华民族共同体意识教育政策文本的"专门生产"

从铸牢中华民族共同体意识教育政策文本的出口看,虽然中共中央、国务院对铸牢中华民族共同体意识教育问题及政策颁发过相关文件或有过相关表述,但专门性的铸牢中华民族共同体意识的教育政策文本均由教育部颁发。这一方面体现了铸牢中华民族共同体意识教育问题作为教育发展的重要组成部分在教育领域的地位,另一方面也反映了铸牢中华民族共同体意识的教育政策专门性文本的执行效力。当然,铸牢中华民族共同体意识的教育政策并不一定要以法律的"至上"去进行规范,但需要政策主体的"专门生产",要使之成为教育决策部门的优先发展领域,加快铸牢中华民族共同体意识的课程教材政策发展的专门化进程,对中华民族共同体意识教育的概念体系、目标体系、治理体系及创新机制做出科学的说明和规范,使其具有明显的可操作性和激励作用,最终实现持续性革新。

(四)铸牢中华民族共同体意识教育政策文本的综合配套

铸牢中华民族共同体意识的教育政策是我国教育政策体系的有机组成部分,其相关问题的有效解决,不能只强调中华民族共同体意识教育本身,还需要相关政策的配套辅助。从目前的政策环境来看,中华民族共同体意识教育的推进主要从学校教育层面开展,但其所涉及的领域却远不止于此。在教育政策体系中,存在着由多种政策相互交错而结成的"政策丛林",它们之间既相互促进又相互牵制。当作为"快动"政策的铸牢中华民族共同体意识的教育政策与其他"慢动"政策的发展出现不平衡时,这些"慢动"政策就会对中华民族共同体意识教育的有效推进造成阻碍。因此,对于"快动"政策发展过程中的阻碍,需要提供具体的政策配置来保障铸牢中华民族共同体意识的相关教育政策的有效执行,进而促进"慢动"政策与"快动"政策的均衡发展。

第三节　铸牢中华民族共同体意识的课程教材政策文本价值分析

本节采用教育政策文本分析中的价值分析对铸牢中华民族共同体意识的政策文本进行研究。价值是客体属性对于主体需要的满足。教育政策研究必须重视价值问题,价值是教育政策发展的内在动力。"所谓教育政策价值分析是指对教育政策活动中价值主体的价值选择和政策实践活动所达成的价值进行确认和分析的一种政策研究方法和方法论。"[1]我国铸牢中华民族共同体意识的课程教材政策的出台选择了什么价值？我国当前铸牢中华民族共同体意识的课程教材政策价值的实现进程存在什么机遇和挑战？我国铸牢中华民族共同体意识的课程教材政策价值实现的合理路径是什么？这些深层次问题是铸牢中华民族共同体意识的教育政策实践过程中无法回避的现实问题。鉴于此,本书以新课程改革的深化推进为背景,站在教育者和政策分析者的立场,立足铸牢中华民族共同体意识政策的教育学分析视角,对铸牢中华民族共同体意识政策文本的价值选择、价值维度进行透析,以期对我国铸牢中华民族共同体意识政策的价值实现提出建设性意见。

---

[1] 罗生全.学业负担问题解决:模型建构与治理机制[M].北京:人民出版社,2018:364.

一、铸牢中华民族共同体意识的课程教材政策的价值选择

教育政策是价值选择的结果。"价值问题本质上是一个选择性的问题,在政策制定和实施的全过程中,价值不仅体现着对人的需要的某种满足,而且还体现着人的主动追求。"[1]教育政策的价值选择,是指教育政策主体(决策主体、执行主体和利益主体)在自身利益判断基础上所做出的一种集体选择。其蕴含着教育政策主体的利益诉求,表达了教育政策所追求的目的与价值。

从价值理论上说,铸牢中华民族共同体意识的课程教材政策是对我国教育价值体系中居于主导地位的价值进行重新选择的过程,是打破传统教育价值体系中各要素比例的均衡状态而重新建构新的价值体系的过程。因此,在铸牢中华民族共同体意识的课程教材政策的制定和实施过程中,不同政策主体的需要、利益等方面动态性地交织在一起,不同取向的价值选择相互冲突、相互矛盾、相互博弈,调节着教育实践中的不同利益主体和事物。任何一项教育政策的价值选择都可以从实质价值和形式价值两个不同的方面进行具体分析。故此,理解和分析铸牢中华民族共同体意识的课程教材政策,要明确铸牢中华民族共同体意识的课程教材政策的实质价值和形式价值,把握教育政策的价值选择与追求。

(一)铸牢中华民族共同体意识的课程教材政策的实质价值

教育政策的实质价值又称为"价值理性"或"目的性价值",它是政策主体通过教育政策实践活动所追求的一种价值目标,是教育政策活动的出发点,也是教育政策活动的归宿。2019年中共中央办公厅、国务院办公厅印发《关于全面深入持久开展民族团结进步创建工作铸牢中华民族共同体意识的意见》,这是首份将铸牢中华民族共同体意识写入文件名称的中央文件。该文件指出"中华民族共同体意识是国家统一之基、民族团结之本、精神力量之魂",将铸牢中华民族共同体意识提升到前所未有的高度,明确新时代民族团结进步创建工作的基本要求、总体目标、工作原则和重点任务,强化政策保障。可见,"国家统一、民族团结"是

---

[1] 劳凯声,刘复兴.论教育政策的价值基础[J].北京师范大学学报(人文社会科学版),2000(6):5-17.

铸牢中华民族共同体意识政策活动的出发点及归宿。同样,在铸牢中华民族共同体意识的课程教材政策的制定及实施过程中,其所蕴含的核心价值内容主要是帮助学生认识统一多民族国家的发展是中华民族历史发展的必然趋势,国家统一、民族团结是中国发展的重要基石。因此,国家统一、民族团结是铸牢中华民族共同体意识教育政策最终的、最核心的政策目标。当前形势下,民族分裂势力胆大妄为,会以教育为手段,以课程教材为载体,歪曲历史,捏造事实,对学生进行别有用心的思想渗透,传递错误的国家观、民族观以及文化观等,对新时代铸牢中华民族共同体意识教育构成极大威胁。随着新一轮课程改革的深化推进,教育部同其他相关部门致力于在各级各类学校中推进铸牢中华民族共同体意识教育,明确提出将铸牢中华民族共同体意识有机融入义务教育三科教材,在高中思政课和历史课、高校思想政治理论课教材中强化相关内容。这就有助于增进文化认同,凝聚意识形态共识,培养学生热爱祖国、热爱中华民族、热爱中国共产党的强烈情感。

(二)铸牢中华民族共同体意识的课程教材政策的形式价值

"教育政策的形式价值又称为'工具理性',它是教育政策价值主体在教育政策实践活动中必须遵循的一系列确定的、不以人的意志为转移的程序或规则。"[1] 教育政策过程的有效性是形式价值的根本标准——如何开展教育政策活动(由谁决策?如何决策?如何实施?),保证教育政策过程的有效性才能有效地实现教育政策的实质价值。而教育政策价值选择的合法性与教育政策实践活动的合理性的获得是实现教育政策有效性的两个基本条件。因此,本书从合法性与合理性两个向度来显现铸牢中华民族共同体意识政策的形式价值。其一,铸牢中华民族共同体意识政策价值选择的合法性来自政策制定与实施过程的民主化程度。由于受官僚议程和内部政治等条件的限制,我国教育政策活动在行动的主要选择方式上仍呈现出单向度的政府选择模式。这种政策选择模式忽视了公众对教育决策过程的参与,忽视了教育政策对公众需求的回应,导致了利益相关者

---

[1] 罗生全. 学业负担问题解决:模型建构与治理机制[M]. 北京:人民出版社,2018:364.

在教育政策制定过程中的有限参与,进而影响到我国铸牢中华民族共同体意识政策制定过程的民主化进程,致使铸牢中华民族共同体意识政策不能充分表达和满足公众的需求和利益。但随着社会的不断进步与发展,公众参与政策决策的意识逐渐增强,参与政策决策的渠道得以畅通,公众自身的利益诉求在参与政策决策的过程中得以彰显。民主化的铸牢中华民族共同体意识政策决策过程是铸牢中华民族共同体意识政策价值选择合法性的重要保障,也是铸牢中华民族共同体意识政策制定与实施的现实追求。其二,铸牢中华民族共同体意识政策价值选择的合理性来自政策制定与实施过程的科学化。随着新课程改革的深化推进,不同政策主体对铸牢中华民族共同体意识的理解逐步加深,这对于铸牢中华民族共同体意识政策的科学制定与有效实施提供了良好的认识与环境基础。但通过对铸牢中华民族共同体意识政策内容的分析发现,由于受到多种因素的影响,铸牢中华民族共同体意识政策本身还存在着目标不清、对象不明、法理模糊以及路径凌乱等问题。上述问题的存在,阻碍了铸牢中华民族共同体意识政策制定与实施的科学化进程,也影响着铸牢中华民族共同体意识政策目标的实现。因而,在后续铸牢中华民族共同体意识政策制定与实施过程中,必须坚持科学的价值观念和思维方式,遵循事物的客观规律,这样才能够实现铸牢中华民族共同体意识政策的科学化,进而使铸牢中华民族共同体意识的实践活动合理化。

二、铸牢中华民族共同体意识的课程教材政策的价值维度

铸牢中华民族共同体意识的政策的价值实现是一个复杂的过程。本书通过对铸牢中华民族共同体意识的政策的价值维度进行分析,以明确铸牢中华民族共同体意识价值实现过程中的动因、危机与机会,这对铸牢中华民族共同体意识政策的后续制定与实施有着至关重要的意义。

(一)铸牢中华民族共同体意识的课程教材政策的价值动因

铸牢中华民族共同体意识的课程教材政策的价值动因主要体现在铸牢中华民族共同体意识符合国家和公众的整体利益,能强化学生主人翁意识,有利于增

强其对中华民族伟大复兴责任的担当,铸牢中华民族共同体意识问题受到国家层面的高度重视。

首先,铸牢中华民族共同体意识符合国家和公众的整体利益。国家统一和民族团结是国家繁荣富强的前提。几千年来,中华民族共同体意识体现在各民族强大的凝聚力和向心力上。在青少年中大力宣传中华民族共同体意识,就是要他们以自己是中华民族的一员而自豪,以生活在这个伟大的国家而骄傲。祖国的统一,民族的团结是每一位中华儿女共同的责任。维护民族团结是社会稳定的前提,青少年要正确处理好本民族与中华民族的关系,认识到中华民族共同体意识对国家统一和繁荣发展的影响力。在青少年中培育热爱祖国、热爱中华民族的情感,直接影响着中华民族的前途命运。铸牢中华民族共同体意识,树立"各民族像石榴籽一样紧紧抱在一起"的理念,让青少年深刻体会到团结才是各民族繁荣发展的正确道路,为国家富强的实现打下良好的基础。

其次,能强化学生主人翁意识,有利于增强其对中华民族伟大复兴责任的担当。铸牢中华民族共同体意识的课程教材以"立德树人"为宗旨,课程目标是培养社会主义的建设者和接班人。铸牢中华民族共同体意识教育有利于落实立德树人根本任务,加强各民族发展历程的梳理和典型案例的整理,将研究成果充分应用于铸牢中华民族共同体意识教育课程的研发上来。铸牢中华民族共同体意识教育的内容不仅包括爱国主义和守土护疆的意识,还包含团结互助意识、共同体意识等,这将丰富青少年思想政治教育的内容,促进思想政治工作面向各族青少年更加包容和全面。因此,推进新时代青少年思想政治工作的深入发展具有重要的启示和借鉴意义。

最后,铸牢中华民族共同体意识问题受到国家层面的高度重视。2014年以来,虽然我国相关政府部门制定颁发的国家层面的关于铸牢中华民族共同体意识的政策有很多,但至今全国人大、中共中央并未颁发专门性的铸牢中华民族共同体意识的政策文本。这在一定程度上影响了铸牢中华民族共同体意识的有效推进,同时也充分证明了铸牢中华民族共同体意识问题在教育上的重视程度有待加强。2021年,在中国共产党成立100周年之际召开的第五次中央民族工作会议提出,"铸牢中华民族共同体意识是新时代党的民族工作的'纲',所有工作要向此聚焦"①,围绕"纲"的民族工作正在全面布局、深入展开,充分显示出国家层面对铸牢中华民族共同体意识问题的高度重视,为铸牢中华民族共同体意识问题提供了良好的契机。

(二)铸牢中华民族共同体意识的课程教材政策实现的价值危机

铸牢中华民族共同体意识课程教材实现的价值危机主要表现在相关配套制度不健全和民族主义及其新动向对其的挑战。

其一,相关配套制度不健全。铸牢中华民族共同体意识课程教材政策是我国教育政策的有机组成部分,铸牢中华民族共同体意识问题的有效解决,不仅需要政治方面的辅助,更需要教育制度方面的辅助。从目前的政策环境来看,铸牢中华民族共同体意识课程教材政策的措施主要从宏观教育政策层面展开,但其所涉及的领域远远不足。在铸牢中华民族共同体意识课程教材政策的发展过程中,配套的评价制度、考试制度、就业制度、责任分担制度并没有随着宏观教育政策的出台而出台,这就阻碍了铸牢中华民族共同体意识课程教材政策落地,从而阻碍了其教育目标的实现。

其二,民族主义及其新动向对其的挑战。冷战的结束和全球化的加速发展,公民民族主义和族裔民族主义对于多民族国家民族建构的作用被重新审视。而中国是一个统一的多民族国家,应通过具有平等性和政治意涵的人民社会的建设来凝聚国内五十六个民族的价值共识。铸牢中华民族共同体意识,是新时代构建中华民族共同体的题中应有之义。2019年10月,中共中央、国务院印发《新时代公民道德建设实施纲要》,要求各地区各部门结合实际认真贯彻落实。《新时代公民道德建设实施纲要》的出台,为应对国际国内形势深刻变化、我国经济社会深刻变革背景下出现的一系列关涉公民道德领域的问题提供了原则举措。这些问题主要包括:损害国家尊严、伤害民族感情、妨害人民群众追求美好生活的事件时有发生;享乐主义、拜金主义、极端个人主义等道德失范现象在一些地方

---

① 习近平在中央民族工作会议上强调 以铸牢中华民族共同体意识为主线 推动新时代党的民族工作高质量发展[N].人民日报,2021-08-29(1).

和一些领域依然存在;是非混淆、善恶不辨、荣辱不分、进退失据的行为也依然有着滋生的土壤。这些问题的存在会在很大程度上削弱整合性人民社会的建设,不利于国家认同的维系和中华民族共同体的构建。与此同时,民族问题在新时代中国依然长期存在,我国在处理和应对民族问题的政策措施方面还有进一步提升的空间。比如,民族法律法规的制定、实施以及民族法律体系还需进一步发展完善;民族政策在与民族地区、少数民族具体实际相结合方面,还有提升的空间;在保障自治权的行使,捍卫民族地区与少数民族利益方面还需要探索。

(三)铸牢中华民族共同体意识的课程教材政策的价值机会

铸牢中华民族共同体意识的课程教材政策的价值机会主要体现在新课程改革的深入实施和政府教育治理模式的转型两个方面。

第一,新课程改革的深入实施。新课程改革全面落实习近平总书记关于培养担当民族复兴大任的时代新人的要求,结合义务教育性质及课程定位,从有理想、有本领、有担当三个方面,明确义务教育阶段时代新人培养的具体要求。为了实现新课程改革的教育目标,此次新课改在课程目标、课程内容、课程结构、课程实施以及课程评价等方面进行了相应的变革,以实现新课程改革在课程价值理念上和实践样态上的有机统一。新课程改革强调"学生"主体地位,立足于使学生关心时事,热爱和平,尊重和理解文化的多样性,初步具有国际视野和人类命运共同体意识,这为铸牢中华民族共同体意识提供了良好的契机。

第二,政府教育治理模式的转型。政府治理模式的转型本质上就是权力下放,重心下移。在新中国成立初期,公共教育权利集中在政府手中,实行的是以政府的"自上而下"选择为特征的教育政策模式,决策过程完全将公民排除在外。随着社会转型,我国政府教育治理模式开始逐步由"管制型"向"服务型"转变,这为教育管理体制改革提供了明确的方向,为公民参与民主决策提供了契机。铸牢中华民族共同体意识教育既是教育问题,也是社会问题,涉及多元利益主体。铸牢中华民族共同体意识的课程教材政策的制定,不能够简单由政府制定,而应该允许相关利益群体参与到政策决策过程中来,在政策决策过程中融合不同利益主体的诉求。政府教育治理模式的转型为铸牢中华民族共同体意识课程教材政策的民主制定提供了空间。

三、铸牢中华民族共同体意识的课程教材政策的价值实现路径

教育政策的最终目的是解决教育问题，促进教育的良性发展。尽管"维护祖国统一，促进民族团结"的价值追求是一个长期的历史过程，但它的实现程度与我们的正确理解和主观努力密切相关。教育政策作为教育实践的重要行动指南，应尽最大努力实现其价值，推动教育的健康可持续发展。我们从教育政策的价值关系出发，从理念变革、制度创新和政策完善三个维度提出实现铸牢中华民族共同体意识的政策价值的策略。

（一）理念变革：铸牢中华民族共同体意识的教育政策价值实现的前提基础

正所谓有什么样的价值理念，就有什么样的实践样态。教育政策实践要取得成功，需要正确的价值理念作引领。铸牢中华民族共同体意识政策的深入实施与有效推进必须以理念的变革与转向为前提。教育理念的变革，主要体现在价值取向的转变。价值取向是价值哲学的重要范畴，"它指的是一定主体基于自己的价值观在面对或处理各种矛盾、冲突、关系时所持的基本价值立场、价值态度以及所表现出来的基本价值倾向"[1]。价值取向具有制约性，它会受到一定时代的生产方式，其他主体以及道德、法律等社会规范的制约。价值取向又同时具有一定的主观性，它总是蕴涵着特定主体基于一定利益考虑的权衡、判断、抉择。显然，教育政策价值取向的作用是巨大的，它的突出功能是决定政策主体的价值选择，因而教育政策价值取向的合理、科学与否，对政策主体自身、主体间关系以及其他主体均有重大影响。铸牢中华民族共同体意识的教育政策的价值取向可以说是中国的民族主义。中国的民族主义追求的是民族平等和解放，探索的是各民族和平共处的新模式，凝聚的是融进全球化的理性共识，开启的是各民族互

---

[1] 徐贵权.论价值取向[J].南京师大学报(社会科学版),1998(4):40—45.

利共赢的新范式。当前,"藏独""疆独"等分裂势力依然存在,是影响民族团结和社会安定、铸牢中华民族共同体意识的潜在隐患。他们以教育为手段,以课程教材为载体,歪曲历史,捏造事实,对学生进行别有用心的思想渗透,传递错误的国家观、民族观以及文化观等,试图对我国的中华民族共同体意识教育进行干扰,造成消极负面的影响。因此,教育部提出要进一步加强民族地区中小学少数民族文字教材管理,切实提高教材建设水平,确保教材坚持正确的政治方向,体现社会主义核心价值观,铸牢中华民族共同体意识,培养德智体美劳全面发展的社会主义建设者和接班人。实现从民族分裂主义价值取向向中国民族主义价值取向转变,是铸牢中华民族共同体意识的教育政策应坚持的价值原则。为了保证铸牢中华民族共同体意识的教育政策制定和实施的有效性,政策制定者和实施者应坚持中国民族主义的价值取向,全面贯彻党的教育方针和民族理论与政策,落实立德树人根本任务,坚持以社会主义核心价值观为引领,注重把铸牢中华民族共同体意识融入课程教材,引导各族师生树立正确的国家观、历史观、民族观、文化观、宗教观,不断增进对伟大祖国、中华民族、中华文化、中国共产党、中国特色社会主义的认同。

(二)制度创新:铸牢中华民族共同体意识的教育政策价值实现的重要保障

教育政策和教育制度处于一种相互影响、相互制约、相互交织的关系模式中。教育政策作用的发挥不可避免地受到制度环境的影响和制约。首先,制度结构体系决定了政府制定和执行政策的能力,换句话说就是制度影响政策产出。其次,既有制度体系的观念和意识形态对教育政策价值的深刻影响,表现为教育政策不可能超越或完全搁置既有教育制度体系所隐含的价值取向,使教育政策价值的选择和实现的合法性受到影响。最后,既有制度体系对作为对象的人的社会角色和行为取向的规定性,使得人的行为对制度产生路径依赖,从而造成行为的嵌入性特征,最终影响教育政策活动的有效性。[①]而教育政策的发展又起到

---

① 张烨.试论我国教育政策分析的可能范式[J].清华大学教育研究,2006,27(2):103-108.

保护、建构和完善教育制度的作用。从当前执行铸牢中华民族共同体意识的政策实践来看,制度性因素的制约构成政策推进过程中的最大障碍。铸牢中华民族共同体意识价值目标的实现,仅靠政策主体价值理念的变革和针对性的教育政策文本是行不通的,还需要不断推动整个教育系统综合配套制度的完善。因此,在铸牢中华民族共同体意识政策的实施过程中,需要依赖于教育制度的不断创新和完善。例如,建立教育责任分担机制、民主参与制度、评价管理制度、教材选用制度以及教材评价制度,从而保障铸牢中华民族共同体意识政策的有效实施。

(三)政策完善:铸牢中华民族共同体意识的教育政策价值实现的根本路径

铸牢中华民族共同体意识政策的内部发展和完善,是其价值实现的根本路径。随着社会发展速度的日益加快和社会生活的日益复杂化,单纯依靠转变课程观念、加强配套制度建设是不够的,还需要通过完善政策本身来促进铸牢中华民族共同体意识。完善铸牢中华民族共同体意识的政策是确保铸牢中华民族共同体意识实施效果的重要保障。因此,在教育政策制定的过程中,要充分考虑政策本身的科学化、理想化、制度化和民主化,以实现教育政策的完善发展,进而促进教育政策的有效执行。

通过对铸牢中华民族共同体意识的政策文本的内容分析可以发现,铸牢中华民族共同体意识的政策文本还存在着目标不清、对象不明、法理模糊和路径凌乱等问题。因此,铸牢中华民族共同体意识政策的完善可以从政策目标的明确制定、对象的完整规范、政策的"专门生产"以及政策文本的综合配套四个方面着手。首先,铸牢中华民族共同体意识政策目标的明确制定。是否是清晰合理的政策目标,直接关系到教育政策的成败,决定着教育政策的发展方向和实施效果。因此,铸牢中华民族共同体意识政策制定者在制定政策时,需明确界定政策目标和政策标准,以使政策目标具有合理性、先进性和层次性,进而为实现政策目标打下基础。其次,铸牢中华民族共同体意识政策对象的完整规范。问题的有效解决,不仅需要各级政府及教育部门与学校的协同行动,还需要家长、社会有关组织等的共同努力。因此,铸牢中华民族共同体意识政策制定主体在制定政策时,应该加强对家长、社会组织行为的规范,建立明确的责任分担机制,从而形成社会合力,促进铸牢中华民族共同体意识目标的实现。再次,铸牢中华民族共同体意识教育政策的"专门生产"。铸牢中华民族共同体意识的教育政策并不一定要从法律"至上"去进行规范,但需要政策制定主体的"专门生产",成为教育决策部门的政策中心及优先发展领域。故而,要加快铸牢中华民族共同体意识的教育政策发展的专门化进程,对中华民族共同体意识教育的概念体系、目标体系、治理体系及创新机制做出科学的说明和规范,使其具有明显的可操作性和激励、引导作用,最终实现持续性革新。最后,铸牢中华民族共同体意识的教育政策文本的综合配套。铸牢中华民族共同体意识的教育政策是我国教育政策体系的有机组成部分,其相关问题的有效解决,不能只强调中华民族共同体意识教育本身,还需要相关政策的配套辅助。从目前的政策环境来看,中华民族共同体意识教育的推进主要从学校教育层面开展,但其所涉及的领域却远不止于此。因此,需要提供具体的政策配置来保障铸牢中华民族共同体意识的相关教育政策的有效执行,进而促进综合效益。

第五章

铸牢中华民族共同体意识的课程建构

"培养中华民族共同体意识"于2014年在中央民族工作会议上首次由习近平总书记提出，2017年党的十九大报告再一次指出要"深化民族团结进步教育，铸牢中华民族共同体意识"，2019年10月23日，中共中央办公厅、国务院办公厅印发《关于全面深入持久开展民族团结进步创建工作铸牢中华民族共同体意识的意见》，指出"中华民族共同体意识是国家统一之基、民族团结之本、精神力量之魂……加强中华民族共同体教育，引导各族群众不断增强对伟大祖国的认同、对中华民族的认同、对中华文化的认同、对中国共产党的认同、对中国特色社会主义的认同"。在2022年10月16日召开的中国共产党第二十次全国代表大会上，习近平总书记再次强调："人心是最大的政治，统一战线是凝聚人心、汇聚力量的强大法宝。完善大统战工作格局，坚持大团结大联合，动员全体中华儿女围绕实现中华民族伟大复兴中国梦一起来想、一起来干……以铸牢中华民族共同体意识为主线，坚定不移走中国特色解决民族问题的正确道路，坚持和完善民族区域自治制度，加强和改进党的民族工作，全面推进民族团结进步事业。"由此可见，铸牢中华民族共同体意识是增进民族团结、凝聚人心、汇聚力量、构筑各民族共有精神家园、维护国家统一、实现中华民族伟大复兴中国梦的必然举措，是理性且智慧的自觉选择。新的时代境遇，在党的坚强领导下，铸牢中华民族共同体意识已然成为我国民族工作的"纲"，国家发展的重要战略，铸牢中华民族共同体意识教育亦成为我国教育的重要使命和教育现代化的重要考核指标。培育中华民族共同体意识、构筑中华民族共同体是实现第二个百年奋斗目标所面临的紧迫任务,在中华民族伟大复兴的进程中这项任务务必要取得重大成功,在五十六个民族的协同努力下,也必定能成功。学校作为培根铸魂、立德树人的主要阵地,理应肩负起此时代大任,构建铸牢中华民族共同体意识的课程体系就成为教育现代化过程中的应有之义。

铸牢中华民族共同体意识的课程作为一种新的课程形态,是党在新时代面临新的机遇与挑战作出的智慧决策。实施好铸牢中华民族共同体意识的课程,首先需要国家的决策层、各学校的管理层以及课程实施的执行层充分认识、体悟该课程的目标、性质与设置。铸牢中华民族共同体意识的课程本质是对学生价值观念的培养、共同体意识的形塑,其内在决定了它的目标非一日、一节课能实现。价值观教育应是循序渐进、久久为功、绵绵深入、全方面沁润学生心灵的,有鉴于此,铸牢中华民族共同体意识的课程的目标应在学生的不同学段有不同的表达与要求。此外,鉴于铸牢中华民族共同体意识的课程的价值观教育的属性,当前国家教育部门与学界的相关研究者均达成共识,认为应将学科融入作为中小学阶段铸牢中华民族共同体意识课程开展的主要方式,即以嵌入的方式融入国家课程,辅以开展专题式的,以爱国主义教育与民族团结进步教育、红色革命教育、井冈山精神教育等为主要教育内容的地方课程与校本课程;高等教育则以思政课与课程思政相结合为主要方式。所以,铸牢中华民族共同体意识的课程非国家课程,亦非地方课程与校本课程,更不仅为综合课程或隐性课程,而是兼具以上课程性质的课程。简言之,它具有体验性、生成性、开放性、实践性、灵活性、整合性与复杂性。相关责任主体要辩证而全面地审视该课程,掌握其育人的核心要义,围绕立德树人根本任务,国家层面、省级教育部门应做好顶层设计与统筹规划,指导各大中小学"因地制宜""因校制宜"地设置、实施铸牢中华民族共同体意识的课程。在中小学将其合理嵌入学科课程、充分发挥地方课程与校本课程在铸牢中华民族共同体意识方面的育人活力,使其在以分科教学为主的中小学占有合理科学的比例,保证其全方位育人;在大学,从"思政课程"主渠道育人向"课程思政"立体化育人转化,实现各类课程与思想政治理论课程同向同行、协同育人。[①]保证铸牢中华民族共同体意识的课程在大中小幼阶段的有效衔接性、贯穿性与全面性。

第一节　铸牢中华民族共同体意识的课程体系

《教育部等四部门关于印发〈深化新时代学校民族团结进步教育指导纲要〉的通知》中指出,要通过扎实有效的民族团结进步教育,教育引导各族师生切实铸牢中华民族共同体意识,树立正确的国家观、历史观、民族观、文化观、宗教观,不断增强对伟大祖国、中华民族、中华文化、中国共产党、中国特色社会主义的认同。教育引导广大学生践行爱国主义,增强国家意识、公民意识、法治意识,培育家国情怀,旗帜鲜明反对分裂国家图谋和破坏民族团结的言行,自觉投身于共同团结奋斗、共同繁荣发展的伟大实践,成长为德智体美劳全面发展的社会主义建设者和接班人。这不仅指明了民族团结进步教育的内容,更高屋建瓴地概括了铸牢中华民族共同体意识的步骤与目标。铸牢中华民族共同体意识教育是当前甚至更长一段时间内的国家战略,是一件需久久为功的大事,不可操之过急。人的成长具有阶段性,是由具体到抽象、幼稚到成熟的渐进过程,铸牢中华民族共同体意识教育需要在下一代成长的每一阶段完成该阶段的目标,稳扎稳打,循序渐进,一步步实现人们自觉投身于共同团结奋斗、共同繁荣发展的伟大实践中的终极目标。此种关于价值观教育的循序渐进性映射在学校课程目标设置中则表现为廓清每个学段的具体目标,使目标连贯地、持续地贯穿于学生大中小幼的学习期,使学生在每个阶段扎实认知、领会、体悟、认同、内化中华民族共同体意识,使中华民族共同体意识融入学生的血液、灵魂,最后自觉将其外化于行,自觉践行为了共同体美好明天共同奋斗的伟大实践。

---

① 冉春桃.民族院校中华民族共同体意识培育的路径[J].中南民族大学学报(人文社会科学版),2019,39(4):70-74.

一、铸牢中华民族共同体意识的课程目标

铸牢中华民族共同体意识教育是一项关于"铸魂"的伟大事业,是一个循序渐进的过程,非一日之功。学校要根据学生的心理发展规律,制定具有进阶性、阶段性的课程目标,帮助学生更好地认识中华民族共同体、理解中华民族共同体、热爱中华民族共同体、认同中华民族共同体,从而树立共同体意识,最后知行合一、自觉践行共同体行为。铸牢中华民族共同体意识非一日之功,需要教育者具有充分的教育耐心,遵循教育发展的规律、儿童身心发展的规律,厚植爱国主义情感,使中华民族共同体意识真正进课程、进教材、进课堂、进头脑、植入学生灵魂,培根铸魂,培育中华民族共同体的未来可靠中坚力量。铸牢中华民族共同体意识的课程实施应日复一日、坚持不懈地用中华民族共同体的民族精神与核心价值观沁润儿童的心田,滋养他们的精神世界,指引他们关于共同体、为了共同体的实践,使其成为名副其实的中华民族共同体成员。在铸牢中华民族共同体意识教育中,如何在不同学段的课程目标设置中科学地规划每个学段应达到的状态,以引领课程教学实践,提高共同体意识教育的效率,成为教育工作者不断探索和不断为之努力的事业。中华民族共同体意识教育是使学生对共同体意识由认知层面到情感层面,最终至实践层面的过程性、历时性教育。本书认为,铸牢中华民族共同体意识课程,应认真领会《义务教育课程方案和课程标准(2022年版)》的精神,细化育人目标,明确实施要求,增强课程指导性和可操作性。在不同学段的目标设置上遵循一体化原则,彰显其阶段性、进阶性、过程性、螺旋上升性。确定学校教育在不同阶段铸牢中华民族共同体意识的工作重心,并由浅入深、由表及里、由体验到行动,循序渐进地开展教育活动。铸牢中华民族共同体意识教育应基于学生的心理发展逻辑,始于幼儿阶段,贯穿于小学、初中、高中和大学各个学段。引导各民族学生树立正确的国家观、历史观、民族观、文化观、宗教观,增强学生的"五个认同"意识。其中,在学前至小学阶段,启蒙共同体意识、涵养爱国情感,使中华民族共同体意识入脑;在中学阶段,增强共同体意识、促进共同体认同,使中华民族共同体意识入心;在大学阶段,树立价值理性、开展共同体实践,使中华民族共同体意识入行,实现知行合一。

（一）启蒙共同体意识、涵养爱国情感

根据皮亚杰的儿童认知发展阶段论，学前至小学阶段，是儿童的心理逻辑由具体到抽象的发展关键期，是从前运算阶段至具体运算阶段发展逐步迈向形式运算阶段的过程。他们对事物与知识的认知，多停留于具象层面。有鉴于此，学前至小学阶段的铸牢中华民族共同体意识的课程目标应充分基于儿童的心理能力，目标设置要符合该阶段儿童的心理发展水平，以象征教育为主要手段，以学生身边的事物为出发点和参照物，让学生在由近及远、由点及面、由具体到抽象的认识中感知国家共同体、民族共同体的象征符号，达到启蒙共同体意识、涵养爱国情感，使表征中华民族共同体意识的符号入脑的目的。

其中，学前教育阶段是儿童感知国家、集体形象的伊始阶段，该阶段的儿童在认知上处于前运算阶段，他们能感知具体事物的表象，能用语言和符号表达自身的需求与想法，但还不能从过程性上认识事物，逻辑思维还未形成，不具备认识事物的抽象能力。所以，学前阶段的中华民族共同体意识教育，应该从国旗、国歌、天安门、长城、英雄故事等直观符号入手，同时通过舞蹈、歌曲、游戏等具艺术性、生动性、感染性的活动，培养各民族学前儿童对国家的崇敬感，孵化学生对祖国的热爱之情。让他们记住代表国家的符号，使"国家"符号初步嵌入学前儿童的认知图式，为情感的激发、认同感的产生奠定认知基础。

小学阶段的儿童的心理发展处于具体运算阶段，对客观事物的感知能力充分发展，并且能在具体事物的表象中进行简单的逻辑思维活动，即知识的传递，能从过程的角度看待事物，区分整体和部分的关系。他们对国家认同的初步感知是在具体环境和他们日渐丰富的经验中构建起来的，但8—12岁儿童对国家认同的解释停留在一些具体术语和表面特征，还未上升到抽象的理论、概念层面。这一阶段学校铸牢中华民族共同体意识的教育目标应以爱自然、爱他人、爱家乡为融入点，帮助小学生初步形成爱祖国、爱中国共产党、爱社会主义、爱中华民族、爱人民的情感。小学低年级学生的国家概念尚未形成，在教育中需要利用《语文》《道德与法治》等教科书中象征中华民族或国家的符号，如颜色鲜艳的国旗、国徽、红领巾，或者祖国妈妈、石榴籽、花瓣、大家庭等国家象征物，通过情感

的唤起,在学生心里播下爱国的"种子"。小学中年级阶段要从对"家"的热爱开始孵育国家情感。家乡(社区)是国家最小的象征单元,与国家所表达的信息和感情具有共通性。教师需以图片、视频等媒介向学生展示家乡山水、生活社区、学校景观和家庭成员,让学生通过对这些具体事物的认知,培养对家乡(社区)、学校、家庭的热爱与依恋。在小学高年级阶段,学生的抽象能力得到发展,教师要在日常的课程中逐渐引导学生由表及里,透过现象看本质,理解象征符号所承载的精神内涵。如中共中央、国务院印发的《新时代爱国主义教育实施纲要》指出,利用重要传统节日,开展富有价值内涵的民俗文化活动,引导人们感悟中华文化,增进国家情怀。因此,教师要创设生动的真实情境、故事情境、活动情境、模拟情境,适时抓住教育时机,在学校开展民俗文化活动,使学生在文化体验中具身感知,帮助学生感知民俗文化的魅力,体验民俗文化中的中华民族共同体精神;同时学校要依托课堂向学生传递苦难辉煌的中华历史和独具魅力的中华文化知识,让学生初步了解中华民族的形成和发展历程,为初中学习系统化的知识和后期铸牢中华民族共同体意识奠定知识基础。

(二)增强共同体意识、促进共同体认同

12—18岁的中学阶段是学生抽象逻辑快速发展的重要时期,也是他们超越具体运算形成抽象运算思维的关键转折期。这个时期的铸牢中华民族共同体意识教育要帮助他们将共同体意识概念化,能从历史、历史故事等文本中抽象出国家概念、共同体意识、集体精神、社会主义核心价值观等理念层面的关于共同体的精神,从而提高共同体教育的效率,助推增强共同体意识,促进共同体认同的课程目标的实现。

这个阶段他们能逐渐有意识地对知识进行分析和判断,重新组织知识使之系统化,具备把握具体事物的整体性的能力。另外,由于初中阶段课程门类增多,知识具有系统性和综合性,学生体验性学习的主体性增强。因此,该阶段铸牢中华民族共同体意识应强化各民族学生对中华民族历史文化知识的认知,通过情境体验式教育,激发各民族学生对中华民族的情感,引导其将爱党、爱国、爱

中华民族的感情内化于心。在这个阶段中华民族共同体意识的生成需要遵循"知识习得—情感激发—价值认同—价值内化—行为外显"的教学规律。为丰富和构建学生的知识系统，加强中华民族的集体记忆，学校需要依托语文、历史、道德与法治、省级课程、地方课程、隐性课程等，向学生传递和复现中华民族的历史和文化知识，以强化学生对共同体的认知。"一个族群……或民族国家以历史教育来制度化地传递此集体记忆。"[1]关于共同体的集体记忆要在课程实施中得以建构，学校应充分发挥历史课程对中华民族、对国家的集体记忆的承载与传递作用，强化学生对中华民族共同体的认知。在历史教学中，学校要利用突出的标志性事件、历史英雄人物、民族精神对学生进行教育，如鸦片战争、五四运动、中国共产党成立、抗日战争等事件，戚继光、林则徐、张自忠等民族英雄，以及井冈山精神、长征精神、雷锋精神、"两弹一勋"精神等。这些历史事件、人物和精神是中华民族集体记忆与民族顽强拼搏精神的体现。弘扬和培育这些集体记忆，不仅能丰富各民族学生的精神世界，还有助于增强他们与中华民族休戚与共的深厚感情。还可通过观看爱国主义影片、走进博物馆和纪念馆等方式不断加深学生对中华民族的认知，在真切的体验中深化对共同体的认识，培养爱国情感。还可通过为祖国母亲庆生、常态化的升旗仪式等纪念活动，不断促进学生对国家的感知、对爱国主义情感的重复体验，激发他们对中华民族共同体的强烈情感，使国家形象、民族精神无处不在。从而营造中华民族共同体意识教育的生态环境，使国家意识、共同体意识"走出课本""走出影片""走出冰冷的博物馆"，而走进学生的生活、走进学生的精神深处和情感世界。在学生抽象思维、批判思维、价值理性快速发展的六年时光中，全面增强学生的共同体意识，促进他们的共同体认同，使中华民族共同体意识入心。

---

[1] 王明珂. 华夏边缘：历史记忆与族群认同[M]. 北京：社会科学文献出版社，2006：96.

(三)树立价值理性、开展共同体实践

价值观是价值理性与意志分离积淀的产物,唯有在实践中才能将两者统一。[①]这说明,完整的价值观培育不仅需要塑造学生的价值理性,还要通过实践将价值观外化为学生的自觉行为。行为是价值理性的目的和归宿,实践是对价值观内化结果的确证。[②]行动由意识指引,个体关于中华民族共同体意识的实践取决于其内在的中华民族共同体意识,中华民族共同体意识的实践亦是检验中华民族共同体意识教育成效的"试金石"。学生践行共同体行为不仅需要树立关于中华民族共同体正确的国家观、历史观、民族观、文化观、宗教观,还要认同中华民族共同体精神,将其内化为个体的行为准则,热爱中华民族共同体,才能涵养生发共同体行为的心理基础或动机。经过幼儿园至高中十多年的中华民族共同体意识课程的学习与熏陶,学生已经对中华民族共同体意识有了深刻且抽象的认识与理解,对中华民族共同体,对五十六个民族,对中华民族共同体与中华民族伟大复兴之间的关系亦有了个性化的理解。对中华民族共同体意识有了深厚的认同,已经具备了能将中华民族共同体意识外化于行的心理基础。故在大学阶段铸牢中华民族共同体意识,"既要通过课堂教育强化学生的价值理性,又要鼓励各民族学生积极参与社会实践,在实践中将价值理性转化为自觉行为,实现知行合一"[③]。将中华民族共同体的优良民族精神创造性地转化为自己的中华民族共同体意识,是近代以来中国人民追求民族独立与人民解放的宝贵精神财富,也是当代中国实现中华民族伟大复兴的不竭精神动力。在物欲横流、工具主义盛行的时代,大学生作为社会主义事业的准建设者与接班人、民族复兴的中坚力量,应主动承担起时代使命,树立正确的价值观,超越工具主义的狭隘认知局限,树立关于共同体的价值理性。高校不应仅仅追求社会精英的培养,而更应该致力于培养能够担当民族大任的脊梁。习近平总书记在党的十九大报告中明确

---

① 成长春,张廷干,汤荣光.意识形态自觉与价值理性认同[J].中国社会科学,2018(2):4-25,204.
② 蒋文静,祖力亚提·司马义.学校铸牢中华民族共同体意识的逻辑层次及实践路径[J].民族教育研究,2020,31(1):13-21.
③ 蒋文静,祖力亚提·司马义.学校铸牢中华民族共同体意识的逻辑层次及实践路径[J].民族教育研究,2020,31(1):13-21.

提出铸牢中华民族共同体意识的思想。高校作为人才培养摇篮的社会机构,应立即行动起来,及时跟上步伐,将中华民族共同体意识融入高校思想政治工作,切实引导大学生树立正确的国家观、历史观、民族观、文化观、宗教观,坚定理想信念,维护民族团结和国家统一,培养他们健康成长为担当民族复兴大任的社会主义建设者和接班人。[1]

首先,在马列课程与"民族理论与民族政策"等课程中,应开展三观教育、理想信念教育、国家认同教育、红色革命精神教育,帮助学生进一步深化对中华民族共同体的意识,厚植爱国主义情感。其次,要打破课程壁垒,提升课程协同育人的能力,将通识教育课程、专业课程、隐性课程等纳入铸牢中华民族共同体意识的课程体系中,形成课程合力,形成铸牢中华民族共同体意识的全方位育人格局。充分发挥隐性课程在铸牢中华民族共同体意识中的强大效力,在潜移默化中浸润人心。最后,凝聚课程中多主体的智慧力量,创新铸牢中华民族共同体意识的课程实施方式。调动学生组织的带头作用,开展由班级、学院、学生会组织的各类爱国主义、民族团结进步教育实践活动,将活动场域由校内延展至校外,活动时间由课堂拓展至校内其他时间。在学校各种大型活动与仪式中、社会实践中融入中华民族共同体意识,开展中华民族共同体实践,营造中华民族一家亲的团结氛围。在这样的实践中,强化中华民族共同体意识,在各民族学生的活动交往中消除彼此间的隔膜,深化各民族之间的联结,凝聚人心,汇集共同体力量,构筑中华民族的共有精神信仰,不断促进中华民族共同体意识教育的知行合一。充分调动一切课程资源,激发大学课程在铸牢中华民族共同体意识中的无限活力,发挥高等教育在铸牢中华民族共同体意识中的重要作用,使大学真正成为践行中华民族共同体实践的重要阵地。

二、铸牢中华民族共同体意识的课程性质

习近平总书记关于教育的论述、关于民族工作的讲话等均指出铸牢中华民族共同体意识是一件久久为功的、持久性的伟大事业,各大中小学是其实践的基

---

[1] 商爱玲.铸牢大学生的中华民族共同体意识[J].西南政法大学学报,2018,20(1):3-8.

地与主要阵地。党的十八大以来,中国特色社会主义进入了新时代,中国共产党对中国特色社会主义道路的积极探索表明,实现中华民族伟大复兴的中国梦,就要以铸牢中华民族共同体意识为主线,并在学校教育中全面彰显。铸牢中华民族共同体意识课程是一种课程新形态,它进行的是全方位、全过程、全学段的教育,它融于各类课程,贯穿于学生的大中小幼各个学段,可以说是学校思政课程的重要组成部分。

高质量实施铸牢中华民族共同体意识教育,有必要先从体验性、生成性、开放性、实践性、灵活性与复杂性这六个方面整体把握它的课程性质。明晰铸牢中华民族共同体意识课程的性质,全面深入把握它的本质。当前铸牢中华民族共同体意识教育的实施路径在大中小学呈现相似性,即显性与隐性层面的全面教育。显性层面主要是指在课程与各种活动、社会实践中展开教育,隐性层面为在校园文化建设层面进行中华民族共同体意识的教育。在显性层面,中华民族共同体意识的教育主要表现为嵌入式与主题式的灵活结合。在中小学,嵌入学科课程,在思想品德、历史、政治中进行教育;大学阶段则嵌入学科专业课程,即课程思政。大学开展中华民族共同体意识教育还有另一路径,即思政课程,两者是同向而行的,它们的协同开展,凝聚了课程育人的合力,增强了教育成效。另一方式是主题式的教育,例如爱国主义教育、民族团结进步教育、革命精神教育以及各种在仪式中开展的形塑共同体身份的活动等。这一类主题式的中华民族共同体意识教育,均在一定的实践活动中展开,使各民族学生均参与进去,身心合一地去体验家国情怀。各民族学生间在思想上与情感上平等地交往、交流与交融,体验中华民族勇于拼搏与反抗的不屈精神,浸润滋养精神世界。这类主题式教育使中华民族共同体意识潜移默化地在愉悦的活动中悄然生发于学生的心田。

以体验为主要路径,增强学生共同体信念、强化共同体身份认同、培养共同体情感的活动课程在培养共同体意识、形塑中华民族共同体方面具有学科课程无可比拟的优越性。需明确,铸牢中华民族共同体意识课程的呈现方式是多样的,它既可因时因地融入学科课程,具备学科课程性质,亦可转换形态,以活动课程的形态呈现,具有活动课程的性质。以综合实践课程形态示人,它具有生活性、情境性、身心合一性、实践性,更能调动学生的各种感知觉进行认知加工,使学生不仅能具象化理解共同体概念,还能在体验活动中强化共同体成员的身份,增强共同体成员的归属感,践行共同体的实践。并且随着学生的思维由具象走向抽象、由单线走向复杂,中华民族共同体意识的实践经验不断积累、丰富与重构,他们思维图式中的中华民族共同体意识亦在不断深化、不断生成、不断走向成熟。此外,在意识的指导下,他们的实践由自觉走向自治,践行中华民族共同体实践的能力与意愿不断增强,能自觉以中华民族共同体成员的身份规约自己的言行、指导共同体实践。在这样的实践中,学生的中华民族共同体意识又不断得到时代性的更新与强化。如此循环往复,意识与实践同增共长,共生形塑,促进铸牢中华民族共同体意识伟大工程的深入推进,实现课程的育人目的。

铸牢中华民族共同体意识教育还可隐匿于校园文化建设中,包括环境文化、制度文化、精神文化,以隐性课程的形态对学生产生潜移默化的影响。在"润物细无声"中使中华民族共同体意识悄然在学生的意识深处生根发芽。从呈现形式的灵活转换层面审视,铸牢中华民族共同体意识课程又彰显出灵活性。在多种课程形态间灵活变换,突出了铸牢中华民族共同体意识课程的全面性、全过程性、全员参与性、全方位性的育人理念,这样的课程体系凝聚了最大合力以形塑中华民族共同体。

从体验性、生成性、实践性与灵活性多个层面来理解该课程的本质的同时,应当体认到它的复杂性。铸牢中华民族共同体意识课程是非学科课程、非综合实践课程、非隐性课程,又不仅仅是它们。它因时、因地、因学生的实际情况在各个学校以一种或几种能释放最大教育效力的课程形态呈现。铸牢中华民族共同体意识的课程的多样性启示我们,应用综合的、动态的眼光审视该门课程的复杂性质,抛弃它仅呈现为一种课程形态的片面认知。抓住它的核心本质,全面促进学校铸牢中华民族共同体意识课程的高效开展,培养全面发展的社会主义建设者和接班人,全面落实立德树人根本任务。

三、铸牢中华民族共同体意识的课程设置

学校课程及其设置蕴含对"培养什么样的人""如何培养人""为谁培养人"三个时代命题的回答。课程设置彰显课程的育人目标,课程目标指引课程的设置。课程设置规定了课程如何实施,指引着课程在具体学校的开展方式、行课时长等具体事务。于铸牢中华民族共同体意识课程而言,通过该课程的设置可以透视学校的教育理念、政治站位、铸牢中华民族共同体意识的使命感及统筹规划的能力。铸牢中华民族共同体意识课程应紧紧围绕该课程的目标体系,进行科学合理的课程设置,全面促成各学段课程目标的实现。各大中小幼学校要优化铸牢中华民族共同体意识的课程设置,全力促进各学段铸牢中华民族共同体意识的课程目标由文本走向实践。根据学生的发展规律、学校的育人理念及现有的资源,科学设置课程,提高铸牢中华民族共同体意识教育的成效。

在大中小幼阶段坚持一体化设计与全面性原则,幼儿园的课程设置要符合儿童的心理发展逻辑,设置隐性课程与活动课程相结合的课程体系,使儿童在活动中体验"国家"符号,在环创文化潜移默化的浸润中感受"集体"符号,将"集体""国家"的种子播撒在儿童心间,孵育他们的爱国情感。在中小学阶段,要将国家课程、地方课程和校本课程多层次地有机结合,形成铸牢中华民族共同体意识"三位一体"的课程体系。铸牢中华民族共同体意识课程要在这三类课程中占有适当比例,比如按照国务院教育行政部门关于国家课程的规定,在国家课程的实施中常态化实施铸牢中华民族共同体意识课程,传递好关于中华民族共同体的知识,使学生从知识层面认识、理解中华民族共同体,为铸牢中华民族共同体意识奠定坚实的知识基础,实现知识育人。三类课程同向共进,形成合力,促进课程协同育人。《义务教育课程方案和课程标准(2022年版)》指明了铸牢中华民族共同体意识的地方课程与校本课程的建设路向。省级教育行政部门要发挥主体作用,统筹规划,充分利用地方特色教育资源,充分挖掘、整合中华优秀传统文化资源和红色资源,设置铸牢中华民族共同体意识的地方课程,并强化实践性、体验性、选择性,促进学生对家乡的进一步认识,涵养家国情怀,铸牢中华民族共同

体意识。铸牢中华民族共同体意识的校本课程由学校组织开发，立足学校办学传统和目标，发挥特色教育教学资源在铸牢中华民族共同体意识方面的优势，释放校本课程的育人活力。以多种课程形态服务学生个性化的学习需求。全方位设置铸牢中华民族共同体意识的课程，使其形成多形态、立体化的课程结构，构建课程协同育人的长效机制，全方位、全过程促进学生中华民族共同体意识的生成与铸牢。各学校要基于自身情况，合理安排课时，使铸牢中华民族共同体意识课程真正地运行起来并落到实处，而非仅停留于课表之上。

大学阶段的铸牢中华民族共同体意识课程设置应全面服务于该课程在大学阶段帮助学生树立价值理性，开展共同体实践的目标。既要从专业课程层面发挥专业课程的课程思政作用，继续深化大学生关于中华民族共同体的认识，树立文化自信；又要积极开展各类社会实践课程，进行民族团结进步教育与爱国主义教育，使各民族大学生在社会实践中身体力行，将中华民族共同体意识外化于行；更要充分发挥思政课程在意识形态教育方面的积极作用，进行多维立体的课程设置。

简言之，在大学阶段，铸牢中华民族共同体意识的课程设置要秉承课程协同育人的理念，创新实施"思想政治+"计划，推进课程协同创新，构建思想政治理论课、哲学社会科学课程、专业课程、通识教育课程、实践课程、隐性课程"六位一体"的思想政治教育融通课程体系，突出显性教育和隐性教育相融通、线上教育与线下教育相贯通，实现从"思政课程"主渠道育人向"课程思政"化育人转化，实现各类课程与思想政治理论课程同向同行、协同育人。[1]打造"大思政"课程矩阵，进行全方位、立体化的课程设置，充分凝聚各种形态的铸牢中华民族共同体意识课程的合力，全方位深化巩固大学生的中华民族共同体意识与中华民族共同体实践的耦合。在意识与行动深度耦合的实践中，坚强下一代的"民族脊梁"，形塑紧紧团结在一起的中华民族共同体。

---

[1] 万明钢,王婕. 铸牢中华民族共同体意识与学校民族团结进步教育课程建设[J]. 西北师大学报（社会科学版），2021,58(3),26-34.

第二节　铸牢中华民族共同体意识的课程内容

当前,中国已站在新的历史起点、进入新发展阶段,处于开启全面建设社会主义现代化国家新征程、向第二个百年奋斗目标进军的历史阶段。同时,我国经济社会形势正在发生新的重大变化,教育迈向新的高质量发展阶段,世界大变局加速演变的特征更趋明显,意识形态领域的斗争更加激烈。在此紧要关头,达成价值共识、凝聚人心,使十四亿人口紧密地像石榴籽一样团结在一起,形成共同体合力,共同攻克难关,为中华民族的伟大复兴而团结在一起成为时代的当务之急,亦成为教育在新时代面临的考验。完善立德树人体制机制,加快构建大中小幼一体贯穿、循序渐进的课程体系是学校铸牢中华民族共同体意识的必然选择。铸牢中华民族共同体意识的课程内容建设理所当然成为铸牢中华民族共同体意识教育的应有之义。

课程内容的选择简称"课程选择"(curriculum selection),是根据特定的教育价值观及相应的课程目标,从学科知识、当代社会生活经验或学习者的经验中选择课程要素的过程。[1]课程内容建设是铸牢中华民族共同体意识课程体系建设的重要内容,课程内容建设的科学性与合理性彰显铸牢中华民族共同体意识的教育价值观,关乎学生是否能建立起对祖国历史客观正确的认识,是否能生发对祖国、对家乡的热爱之情以及是否能够提高理解能力,正确认识多民族文化和合共生的关系,学会欣赏、包容、尊重其他民族的文化。

铸牢中华民族共同体意识的课程内容建设对实现课程目标、全面促进各民族师生铸牢中华民族共同体意识有重要价值。教育者应增强教学智慧,在铸牢中华民族共同体意识的课程内容建设中遵循一体化、差异化、创新性原则;落实责任主体,充分挖掘地方特色资源,将社会主义先进文化、革命文化、中华优秀传统文化等内容有机融入课程,增强课程思想性。立体化促进中华民族共同体意识在青少年内心深处的生发、巩固与实践。避免铸牢中华民族共同体意识课程

---

[1] 张华.课程与教学论[M].上海:上海教育出版社,2001:191.

内容的碎片化、无序化和零散化，使其成为立体的、有序的、系统的、科学的课程内容，全面促成铸牢中华民族共同体意识课程目的的实现。

一、铸牢中华民族共同体意识的课程内容的选择依据

课程内容建设要以课程目标的实现为核心，课程目标决定了课程内容的选择。课程目标的基本来源是"学科的发展""当代社会生活的需求""学习者的需要"，相应地，课程内容的基本取向即"学科知识""当代社会生活经验""学习者的经验"。[1]铸牢中华民族共同体意识教育是价值观层面的教育，非学科知识的教育。显然，其课程内容的选择应是从"当代社会生活经验"与"学习者的经验"中去选择能有效促进课程目标实现的材料。

铸牢中华民族共同体意识课程内容的科学选择决定铸牢中华民族共同体意识教育的质量，各省级教育部门与学校要充分发挥责任主体作用，从"当代社会生活经验"中去粗取精、去伪存真地选取具有价值意义的材料。即从中华民族优秀文化库里选取能有效促进学生的中华民族共同体意识生成与巩固的材料进入课程内容，搭建铸牢中华民族共同体意识的课程内容体系，形成地域间、地域内部共建共享的课程内容库。并采取故事讲述、图片呈现、器乐展演、纪录片讲解、实践参与等多种形式，向下一代讲述中国故事，传递中国精神。

首先，课程内容的选择要符合课程目标需要，即所选材料要服务于课程目标的实现。因铸牢中华民族共同体意识课程在各学段的目标具有差异性，所以学校要精准定位铸牢中华民族共同体意识课程各学段的目标，避免任何"一刀切"的不负责任的做法，紧紧围绕学段目标选择课程内容，促进铸牢中华民族共同体意识课程的终极目标，即形塑中国利益共同体、情感共同体、价值共同体和命运共同体目标的渐进实现。中华民族地大物博，各区域人文地理特色鲜明，资源丰富，各责任主体要立足本地特色，充分发挥地域优势，选取学生熟悉的优秀文化进入铸牢中华民族共同体意识课程，使铸牢中华民族共同体意识教育获得事半功倍的效果。

---

[1] 张华. 课程与教学论[M]. 上海：上海教育出版社，2001：191.

其次，要选择具有铸牢中华民族共同体意识教育意义的材料。我国地域辽阔，历史源远流长，五十六个民族有各自独具特色的优秀文化，但并非所有文化都适合进入学校场域，成为铸牢中华民族共同体意识教育的课程内容。学校要用科学的眼光，辩证地审视各民族的文化，取其精华，"因校制宜"，以优秀的中华民族文化精神来浇灌学生的心灵，使其对中华民族的伟大精神产生共鸣、形成身份认同并将其内化为自己价值观的一部分，指导自己的实践。培养学生成为可靠的社会主义建设者和接班人，为中华民族的伟大复兴而奋斗不息。

最后，所选材料要契合"学习者的经验"，符合学生现有水平，包括知识水平、文化水平与心理发展水平。课程内容的选择不仅要考虑各学段学生的知识与心理发展的差异，还要考虑学生的文化差异，尤其是在多民族地区，学生成长于不同的文化背景，具有不同的文化体验，对课程内容的选择更要兼顾共同性与差异性。所选材料要促进民族团结进步教育、爱国主义教育、革命教育、社会主义核心价值观教育的协同开展，并将这四种教育作为铸牢中华民族共同体意识教育的主要模块。按照增进共同性的方向选择课程内容，开展铸牢中华民族共同体意识的教育，构筑中华民族共有精神的家园，促进各民族学生在理想、信念、情感、文化上的团结统一。用国家和民族基本价值观教育亿万青少年，引导他们继承与弘扬好伟大的民族精神和时代精神，帮助其打牢精神底色，传承民族基因。[①]

二、铸牢中华民族共同体意识的课程内容的建设原则

人是教育的对象，铸牢中华民族共同体意识的课程内容建设不仅要基于学生心理发展的规律，遵循一体化原则，促进各阶段学生的中华民族共同体意识循序渐进地、持续地生成、巩固与转化。教育事务的良性运行与教育高质量发展涉及资源的有机整合，铸牢中华民族共同体意识的课程内容建设须正视地区间教育发展水平不一、资源分布不均的客观事实，因地制宜、因校制宜充分利用各自优势，进行差异化建设。中华民族优秀传统文化历经时代淬炼，汇聚中华民族五

---

① 郑富芝. 尺寸教材 悠悠国事——全面落实教材建设国家事权[J]. 人民教育，2020(Z1)：6-9.

千多年的智慧结晶,是强有力的铸牢中华民族共同体意识的教育资源,因而还要使其与时俱进,有机融入铸牢中华民族共同体意识课程,进行课程内容的创新性建设,释放中华民族优秀传统文化育人的时代活力,增强青少年的民族自豪感、国家认同感与身份归属感。

(一)课程内容一体化建设

铸牢中华民族共同体意识,形塑五十六个民族团结一心、众志成城的中华民族共同体是民族复兴之大事,是实现中国式现代化,推动第二个百年奋斗目标实现的必要前提。教育事务要致力于追寻"公共的善",认真履行育人职责,充分行使教育权力,通过铸牢中华民族共同体意识教育滋养并丰富下一代的精神世界,赋予其追寻生命意义的内生动力与力量,使其逐步成为德智体美劳全面发展的、"有理想""有本领""有担当"的中华民族共同体的优秀成员,肩负起中华民族伟大复兴的光荣使命。

由未成走向既成、由幼稚走向成熟是人的发展规律,由具体走向抽象亦是人的思维逻辑的发展路向,教育也应循序渐进,不断促进学生最近发展区的突破,不断助力学生由未成走向既成。根据《义务教育课程方案和课程标准(2022年版)》的精神,课程修订要遵循学生身心发展规律,加强一体化设置,促进学段衔接,提升课程科学性和系统性。进一步精选对学生终身发展有价值的课程内容,减负提质,增强课程的指导性和可操作性。由此可见,铸牢中华民族共同体意识课程内容进行一体化建设、全学段育人,既是人发展的内在需求,又是契合党的教育方针的重大举措。

"坚守立德树人的根本,必须要坚持政治标准的首位意识,突出学生这个主体,把立德树人作为学校各项工作的价值导向,把中华民族共同体意识培育贯穿人才培养的全过程,着力提高各族学生的政治觉悟、思想水平、道德品质和文化素养。"[1]"推进大中小学思想政治教育一体化建设"[2],铸牢中华民族共同体意识

---

[1] 冉春桃.民族院校中华民族共同体意识培育的路径[J].中南民族大学学报(人文社会科学版),2019,39(4):70-74.

[2] 习近平.高举中国特色社会主义伟大旗帜 为全面建设社会主义现代化国家而团结奋斗——在中国共产党第二十次全国代表大会上的报告[M].北京:人民出版社,2022:44.

课程内容的设置要坚持各学段一体化贯通,循序渐进,紧紧围绕中华民族共同体这一核心概念,不断深化学生对中华民族、统一的多民族国家和中华民族共同体及五十六个民族多元一体格局的理性认识,使中华民族核心思想理念、中华人文精神、中华传统美德等贯穿教育过程始终。统筹各学科,确保中华优秀传统文化内容全覆盖,形成纵向有机衔接、横向协同配合的教育格局。充分考虑学生随着年龄增长由浅入深、从点到面、从感性到理性的认知规律,确定不同学段的学习内容、载体形式,区分层次、突出重点,为各学段的学生制定适宜的铸牢中华民族共同体意识的课程内容,体现学习进阶性,使学生在各个年龄段均能对中华民族共同体意识有理性的体认。从对中华民族共同体的共有符号的认识,循序渐进理解并认同符号背后的民族精神,从而热爱中华民族共同体、认同中华民族共同体、树立中华民族共同体意识,最后知行合一、自觉践行共同体行为。

例如,在幼儿园及小学阶段,以"中华民族全家福"、民族传统服饰、传统建筑等中华民族元素相关的图片视频欣赏、儿歌传唱、重大仪式参与、日常升国旗等仪式浸润的感官性的体验为主要课程内容。初步感知中华民族多民族大家庭的和谐氛围、感知各民族共享的中华民族形象和中华文化符号、感知中华文化的多样性和交融性,让学生初步认识各民族之间是"你中有我,我中有你,谁也离不开谁"的关系,并牢固树立自己是中华民族共同体的一员的意识。

在中学阶段,学生的心理发展由具体运算向形式运算过渡,铸牢中华民族共同体意识的课程内容应在小学的基础上有所深入,加强对中华民族历史知识的学习,使学生深入了解自己的历史,深入了解我国是统一的多民族国家的基本国情,各民族共同创造了灿烂辉煌的中华文明,以此强化对中华文化的理性认同。使学生认识中华民族伟大复兴是我国各族人民的共同梦想,树立同心共筑中国梦的理想信念,深入了解各民族在政治上、文化上、经济上、情感上相互亲近、相互依存的关系,深化铸牢中华民族共同体意识。

在高等教育阶段,要创新实施"思想政治+"计划,推进课程协同创新,构建思想政治理论课程、哲学社会科学课程、专业课程、通识教育课程、实践课程、隐性课程"六位一体"的思想政治教育融通课程体系,突出显性教育和隐性教育的协同育人性。高等教育阶段的铸牢中华民族共同体意识的课程内容,要兼顾在知识上不断深入、在行动上不断检验的准则,在牢固树立铸牢中华民族共同体意识后,不断创造条件,使大学生积极开展中华民族共同体实践,有效促进知行合一。使学生不仅将中华民族共同体意识内化于意识深处,更将其外化为行动,融于中华民族的伟大复兴事业中,以共同体的自觉行动推动中国式现代化的实现。

(二)课程内容差异化建设

铸牢中华民族共同体意识课程内容各学段一体化建设是基于学生心理发展逻辑,由浅入深、由点到面、由简单到复杂进行有序衔接的纵向层面的设计。然而,铸牢中华民族共同体意识教育是一项覆盖全体人民的事业,还应在横向上统筹布局,兼顾地区间的差异,进行差异化的针对性建设,形成"纵横交错"的网格化教育格局。铸牢中华民族共同体意识课程内容的差异化建设,是马克思主义辩证思想在教育中的体现,中华民族历史悠久、地大物博、疆域辽阔,社会资源分布不均,不同地区学生的文化背景亦丰富多元。深究其里,若铸牢中华民族共同体意识课程内容的一体化建设是基于学生个体内部的阶段性差异,那差异化建设便是兼顾了学生个体间的差异,尊重了个体的特殊性,是教育公平理念的彰显。

我国各地区教育水平、教育资源等发展开发不均衡,在教育理念、培养目标上亦存在地区差异性,所以在铸牢中华民族共同体意识这项任务上,应"因地制宜"建设适宜本地区、本学校的课程内容体系,体现校际间、区域间的差异。党的二十大报告指出"我们必须坚持解放思想、实事求是、与时俱进、求真务实,一切从实际出发"[1],民族地区与非民族地区的课程内容建设要贯彻党的二十大精神,坚持差异化建设,基于现有资源"就地取材",进行适宜本地区、本学校的差异化建设。从学校当地资源实况分析,遵循教育在不同地区的发展规律,东西部、南北部均要充分利用各自的特色资源,进行高效的课程资源整合。各地区应选择

---

[1] 习近平.高举中国特色社会主义伟大旗帜 为全面建设社会主义现代化国家而团结奋斗——在中国共产党第二十次全国代表大会上的报告[M].北京:人民出版社,2022:17.

符合自身条件的课程建设内容与方式,灵活整合资源,以最大限度促进学生中华民族共同体意识的树立为价值追寻。铸牢中华民族共同体意识不仅是民族地区院校的重要事务,更是全国大中小学的重要任务,"三个离不开"思想不仅应在少数民族学生的观念里扎根,更应在汉族学生的意识里"生根发芽",这样才能铸就真正的、凝心聚力的中华民族共同体。所以非少数民族地区的大中小学应主动承担责任,将铸牢中华民族共同体意识教育融入常态化教学中,积极开展铸牢中华民族共同体意识课程内容的一体化、差异化建设,使铸牢中华民族共同体意识教育在全国得到普遍化实施。凝聚学校主体合力,建立铸牢中华民族共同体意识的学校共同体,发挥学校协同育人的优势,提升铸牢中华民族共同体意识教育的教学效率。

(三)课程内容创新性建设

"中华优秀传统文化源远流长、博大精深,是中华文明的智慧结晶,其中蕴含的天下为公、民为邦本、为政以德、革故鼎新、任人唯贤、天人合一、自强不息、厚德载物、讲信修睦、亲仁善邻等,是中国人民在长期生产生活中积累的宇宙观、天下观、社会观、道德观的重要体现,同科学社会主义价值观主张具有高度契合性。我们必须坚定历史自信、文化自信,坚持古为今用、推陈出新"[1],自觉把中华优秀传统文化精华作为铸牢中华民族共同体意识课程的重要内容,用中华民族血液中的不朽精神教育下一代,使中华优秀传统文化散发出时代的光芒,生生不息。

中华优秀传统文化进中小学课程教材,是强化中华优秀传统文化铸魂育人功能,落实以中华优秀传统文化涵养社会主义核心价值观,实现中华优秀传统文化传承发展系统化、长效化、制度化的重要举措。创新是发展的不竭动力,必须坚持守正创新,以创新带动发展,才能把握时代、引领时代。中华优秀传统文化作为课程内容,就要在继承中创新,在传承中发扬。所谓创新,就是结合时代要求,衔接古今,赋予中华优秀传统文化新的时代内涵和现代表达方式,促进其创

---

[1] 习近平.高举中国特色社会主义伟大旗帜 为全面建设社会主义现代化国家而团结奋斗——在中国共产党第二十次全国代表大会上的报告[M].北京:人民出版社,2022:18.

造性转化和创新性发展,激活其强大的时代生命力,使其成为涵养社会主义核心价值观的重要源泉,不断给予下一代以精神给养和精神动力。对优秀传统文化,不仅要创新其内容,还要创新内容的呈现方式,充分释放优秀传统文化中的民族精神在新时代的育人潜能。激发学生的学习兴趣,要扬弃单一的讲授式的方式,守正创新,发掘信息技术对铸牢中华民族共同体意识的支撑作用,借助大数据、区块链等信息技术,创新课程内容的呈现形式。使讲授与体验相结合、理论与实践相印证、线上与线下相贯通、元宇宙体验与真实情境相融合,多维空间联动促进中华民族共同体意识的铸牢。

三、铸牢中华民族共同体意识的课程内容的建设路径

铸牢中华民族共同体意识的课程内容建设要挖掘一切能促进中华民族共同体意识生成的资源,对其进行优化重组,使其有机融入该课程的内容体系,使学生不断增强对伟大祖国、中华民族、中华文化、中国共产党、中国特色社会主义的认同,坚决维护国家主权、安全、发展利益,旗帜鲜明反对分裂国家图谋、破坏民族团结的言行,筑牢国家统一、民族团结、社会稳定的铜墙铁壁。这是铸牢中华民族共同体意识教育的基本目标与课程内容建设的基本前提。

全国各大中小学如何进行铸牢中华民族共同体意识的课程内容建设,将其扎实落到实处,是教育者须思考的时代命题。须知铸牢中华民族共同体意识课程内容的建设是普遍性与特殊性的有机统一,各学校要在保持普遍性实施的基础之上,体现自身的特色化实施,彰显自身的教育理念与主体性作为。简言之,要统筹国家、地方和校本课程,构建爱国主义教育、民族团结进步教育和知识体系教育相统一的育人机制。可从以下三条路径的有机结合着手,即以学科融入引领中华民族共同体意识教育;自主开发地方优秀课程资源,促进学生家国情怀的涵养;积极促进校本化课程实施,针对性开展中华民族共同体意识教育。

(一)以学科融入引领中华民族共同体意识教育

分科教学是当前学校教育的主要方式,铸牢中华民族共同体意识的课程内容建设要充分利用这种方式,发挥课堂教学的主渠道作用,结合学科特点,将铸牢中华民族共同体意识的课程内容与学科教学充分结合,进行有机融合。并以中华优秀传统文化、革命文化等优秀文化为主要内容,发掘它们与学科的内在联系,结合学科具体主题、单元、模块等,将优秀文化有机嵌入学科课程,促进铸牢中华民族共同体意识课程内容的全面建设。

一方面,铸牢中华民族共同体意识教育的学科融入方式主张将中华民族共同体意识教育融入学科日常课堂教学,围绕政治认同、家国情怀、文化素养、法治意识、道德修养等重点,结合基础教育、职业教育、高等教育的不同特点,挖掘各门课程所蕴含的爱国主义教育元素和所承载的爱国主义教育功能,增强知识传授的道德教化功能,构建爱国主义教育与知识体系教育相统一的育人机制。在知识层面促进对中华民族共同体的理论认识;提倡将中华民族共同体意识教育嵌于学科实践,在学科实践中将理论化为行动,践行基于共同体、为了共同体的实践。但应避免单一学科实践,禁锢学生思维。要打破学科壁垒,凝聚学科群的合力,例如将数学、物理、化学、生物的学科实践,与政治、历史、地理、语文等的学科实践有机结合,开展学科群实践,在这样模块化的学科实践中,融入关于中华民族的生动趣事、名人故事等具有中华民族共同体精神内涵的内容,使学生为之自豪,产生与有荣焉之感,促进学生对中华民族的认同,对共同体成员身份的认同,充分激发学科群协同育人的潜力。

另一方面,在学科融入中,学校部门要明确权责主体,落实责任分工,从学校管理部门至学科教师及每个学生主体均要参与进来,明确职责,汇聚主体合力,为铸牢中华民族共同体意识的教育提供多元主体的智慧支持。教师是铸牢中华民族共同体意识教育的重要主体,是学生成长为优秀的中华民族共同体成员的引路人。在中小学,学科教师要树立铸牢中华民族共同体意识的学科责任意识,适时依据本学科特征,结合学科发展的规律与学生心理发展的规律,将中华民族共同体意识恰当地融入学科日常教学中。尤其是在思想品德、语文、政治、历史、地理课的教学中,要摒弃知识价值无涉的理念,讲好中国故事、中国历史、中国精神,如在地理课教学中要向学生展示中华民族的地大物博,培养学生对祖国大好河山的热爱之情,对祖国广大疆域的自豪之情。要把青少年作为爱国主义教育对象的重中之重,将爱国主义精神贯穿于学校教育全过程,推动爱国主义教育进课程、进课堂、进教材、进头脑。在普通中小学、中职学校,将爱国主义教育内容融入语文、道德与法治、历史等学科教材编写和教育教学中,在普通高校将爱国主义教育与哲学社会科学相关专业课程有机结合,充分发挥课程思政在铸牢中华民族共同体意识伟大事业中的优势。高校还应以铸牢中华民族共同体意识为主线,将民族团结进步教育融入马克思主义理论课、形势与政策课和相关专业课程中,落实到课程思政实施中,提升学科课程协同育人的效力。

(二)自主开发地方优秀课程资源

地方协同中央与学校,形成"三位一体"的课程建设主体格局,进行立体化的课程建设是世界课程改革的主要趋势与潮流,也是我国实现教育现代化的必要举措。地方作为连接国家核心部门与学校的枢纽,在发挥地方特色教育优势的过程中具有重要地位与作用。地方教育部门应承担起教育责任,与中央和学校主体形成联动合力,积极统筹地方优秀课程资源的开发,为铸牢中华民族共同体意识教育的良序开展提供主体保障。地方教育部门不仅要在政策上、资源上全力支持,还要积极参与进去,充分行使教育权力、行政权力,发挥在地方课程建设上的重要主体作用,积极统合地方特色资源,组织、指导、监督地方课程资源的高质开发。

铸牢中华民族共同体意识教育是国家教育事业的重要战略,省级教育行政部门要统筹规划,确定责任主体,勇于开发地方特色教育资源,注重用好中华优秀传统文化资源和红色资源,强化实践性、体验性、选择性,使当地的文化资源感染学生,进一步增强学生尤其是少数民族学生的归属感,树立文化自信,发挥地方特色资源在培养家国情怀、促进身份认同层面的优势。以培养中华民族共同体为最高目标,构建铸牢中华民族共同体意识教育的地方特色课程体系,创新育人内容与形式,建立爱国主义教育、革命精神教育、自然教育基地,使大中小幼学生走出学校,走向自然世界与社会生活,在持续性的崇高精神的体验中提升精神境界,在感知自然世界的神秘壮丽中发展真善美的心灵。引导学生"去认识人性,不断提升、扩展和形成人的意义世界,使人摆脱形而下'物性'和'兽性'的束缚与羁绊,使人获得形而上的超越性,使人的'应然性'向度得到更好伸张与发展,使人更像一个真正的人"[①]。以爱国主义教育、革命精神教育、自然教育为课程内容,以体验为主要教育方式,形塑学生坚强不屈的中华民族风骨及面对大自然时的谦卑敬畏,使学生学会与自然和谐相处,使下一代成为引领时代精神的先锋,释放地方特色资源在铸牢中华民族共同体意识教育层面的红利。

铸牢中华民族共同体意识地方课程的实质是将优秀地方文化作为课程资源,纳入铸牢中华民族共同体意识课程内容体系,以学生最熟悉的事物对学生进行文化浸染、先进精神文化的熏陶。促进学生文化自信的建立,为文化自觉打下基础。将地方优秀传统文化符号融入地方课程,使地方做到真正的参与,将铸牢中华民族共同体意识教育落到实处,促进学生对五十六个民族共有的民族符号的体认,培养学生认识家乡、热爱家乡的情感。

(三)促进校本化课程实施

教育的有序开展归根结底要依赖于学校的实施,学校是育人的主要阵地,主导着教育的实施内容与实施方式。中华民族共同体意识作为一种价值观教育,其效果的保证更加倚赖学校的校本化实施。中华民族共同体意识是国家统一之基、民族团结之本、精神力量之魂,在新的时代潮流下,铸牢中华民族共同体意识教育成为各大中小学面临的时代考题。铸牢中华民族共同体意识教育应当成为学校的常态化教育内容,让中华民族共同体意识根植各族师生的心灵深处。学校要严肃对待并将其一丝不苟地落到实处,这就需要各学校体认到自身在铸牢中华民族共同体意识教育中的决定性作用,加强主体意识,积极履行责任,使用教育权力,实施好铸牢中华民族共同体意识课程并且建立彰显各自教育理念、培

---

① 李霞,李宁辉.体验,教育的转向[J].兰州大学学报(社会科学版),2008,36(2):147-151.

养目标的铸牢中华民族共同体意识教育校本课程体系，发挥特色教育教学资源优势，以多种课程形态服务学生个性化的学习需求。挖掘一切贴近学生生活的教育资源，丰富课程内容，力争在生活教育中铸牢中华民族共同体意识。

无论是民族团结进步教育，还是中华优秀传统文化教育、爱国主义教育，抑或是社会主义核心价值观教育，其初衷与根本目的都是为构建五十六个民族的共有精神家园、涵养学生的共同体意识、铸牢中华民族共同体意识而服务。因此，学校要将这几个板块的教育内容有机融入铸牢中华民族共同体意识教育的课程内容体系，打造本校的特色校本课程。动员各科教师，形成教师共同体，灵活运用教育形式，将学科渗透、专题教育、社会实践、仪式教育等有机结合，构建立体的校本课程体系，全方位发挥学校的主体性作用，助推铸牢中华民族共同体意识教育的良序落地。

铸牢中华民族共同体意识教育不仅要在显性课程内容建设上精心设计，还应充分发挥隐性课程对人潜移默化的影响。例如，加强校园文化建设，探索创新学校民族团结进步教育方式，强化教育引导、氛围熏陶、实践养成，构建课堂教学、教育实践、校园文化建设多维一体的育人平台，实现学校民族团结进步教育常态化，让中华民族共同体意识根植各族师生心灵深处。营造校园文化环境，充分利用走廊、墙壁、地面等公共空间及学校网站、微信公众号等宣教平台，积极开展铸牢中华民族共同体意识主题宣传教育。[1]灵活开展活动与社会实践，在实践中促进民族团结进步教育的开展，促进各民族学生相互了解彼此的文化、尊重差异、各美其美、美美与共，使学生认识到每个民族的文化共同形塑了中华民族的灿烂文化，每个民族的文化均为中华民族共有文化的一部分，促进学生对铸牢中华民族共同体意识的认同，对中华民族共有文化的认同，因为"文化认同是最深层次的认同，是民族团结之根、民族和睦之魂"[2]。

加强校风教风学风建设，积极营造弘扬民族团结进步正能量的氛围。在学校校园、图书馆、博物馆、教室、宿舍等场所，展示体现中华优秀传统文化、民族团

---

[1] 陈立鹏.推动中华民族共同体意识教育在中小学深入开展[N].中国民族报，2021-11-02(5).
[2] 中共中央文献研究室.习近平关于社会主义政治建设论述摘编[M].北京：中央文献出版社，2017：157.

结进步的作品。积极开展民族团结进步先进班级、宿舍及模范个人创建活动。落实教育与宗教相分离原则,体现民族团结进步原则,未经审定的图片、标语、旗帜等不得在校园内张贴、悬挂、宣传。充分发挥隐性课程对人的精神意识的浸润作用。铸牢中华民族共同体意识,核心在于增强对伟大祖国、中华民族、中华文化、中国共产党、中国特色社会主义的认同。通过文化符号、文化记忆、文化传承、文化历史、文化成果等"育人"元素坚定大中小幼学生的"五个认同",是运用校园文化铸牢大中小幼学生中华民族共同体意识的价值逻辑。[1]

各地中小学校以当地的文化资源感染学生,在民族文化教育中宣讲民族团结进步知识,努力营造富有民族特色和地域特点的校园文化氛围,进一步激发学生尤其是少数民族学生的归属感,增强文化自信。在民族高校的教学体系以及校园文化建设中,铸牢中华民族共同体意识是釜底之薪,最终决定了民族人才培养的"温度"与质量。它不局限于思政课程,更需要在全部学科的课程设计和教学培养的全过程中得以体现、巩固和强化。让"三个离不开"思想和"四个与共"理念在青少年心中深深扎根。

第三节　铸牢中华民族共同体意识的课程制度

铸牢中华民族共同体意识是国家民族工作的"纲",铸牢中华民族共同体意识教育也成为近几年民族地区教育的重要工作,亦是未来民族地区教育的重要内容。广西、新疆、云南、西藏等少数民族地区贯彻了习近平总书记关于民族工作的讲话精神,陆续成立了铸牢中华民族共同体意识研究基地,在大中小学开展了一系列各具特色的铸牢中华民族共同体意识的教育活动,取得了初步的成就。凸显了少数民族地区对国家政策的积极响应与中华民族上下一心共筑中国梦的雄心壮志。铸牢中华民族共同体意识教育是中华民族应对新时代挑战的中国方

---

[1] 王华敏,范春婷,胡敏.运用校园文化铸牢大学生中华民族共同体意识的逻辑理路[J].山西高等学校社会科学学报,2022,34(3):1-5.

案,是一个年轻的命题,当前就全国而言,铸牢中华民族共同体意识教育还存在较大进步空间,有诸多难题与困境亟待克服。如在以少数民族为主要人口的地区存在开展无序、零散、随意等问题;在汉族人口居多的地区存在铸牢中华民族共同体意识的权责意识薄弱的问题,认为铸牢中华民族共同体意识教育与汉族无关。这是一种错位的认识,铸牢中华民族共同体意识的教育本意在于形塑中华民族共同体,此"共同体"是由五十六个民族共同组成的精神共同体、利益共同体、价值共同体、命运共同体。因此铸牢中华民族共同体意识不仅是少数民族地区的重要职责,亦是非民族地区不可推卸的责任。

为保障铸牢中华民族共同体意识教育的真切落实,有必要将铸牢中华民族共同体意识教育制度化,用制度手段保障其在全国大中小学的落地实施,实现铸牢中华民族共同体意识教育对全国青少年的全面覆盖,塑造真正的、囊括五十六个民族的中华民族共同体,为中国式现代化储备坚实的人才基础。

一方面,在以教育现代化促进中华民族伟大复兴的历史进程中,要坚持教育制度自信,充分发挥中国特色社会主义教育制度的巨大优势,为铸牢中华民族共同体意识教育的实践正向赋能。树立制度自信,构建铸牢中华民族共同体意识的教育制度,肯定铸牢中华民族共同体意识教育的合法性地位,为全国各大中小学以及幼儿园提供铸牢中华民族共同体意识教育的实施规范。彰显在新时代背景下,我国审时度势、积极求变的发展思维。

另一方面,基于本体论审视,铸牢中华民族共同体意识非一日之功,须绵绵用力、久久为功,是一项须持续性投入的战略工作。这就需要将其制度化,以保证其在日常教学工作中的常态化、长效化实施。让中华民族共同体意识的种子厚植于各族师生的心窝,不断进行"浇灌"强化,静待其"生根发芽""开花结果"。进一步建章立制,加强民族团结进步教育顶层设计,完善工作运行体制,健全协同推进保障机制,完善民族团结进步教育考评考核体系,推动中华民族共同体意识培育常态化、制度化、长效化。[1]

---

[1] 冉春桃.民族院校中华民族共同体意识培育的路径[J].中南民族大学学报(人文社会科学版),2019,39(4):70-74.

一、铸牢中华民族共同体意识的课程制度意蕴

"教育现代化的历程,从某种意义上说,就是教育制度创新不断激发和调动技术创新、思维创新,不断激发社会创造性活力,进而促进人类整个生存方式和生存世界日新月异变更的过程。"[①]教育现代化的实现,需要教育制度的不断创新,而进行铸牢中华民族共同体意识的课程制度建设便是一种基于实践需要的教育制度的创新,这种制度创新将推动、激发中国教育推陈出新、开创时代新局面。

"先知先觉者所取得的思维创新成果,也只有获得教育制度条件的支持,落实为现实的教育制度安排,才能得到广泛的传承、获得社会的认同并加以推广,才能融入公众现实的社会实践。"[②]质言之,教育制度是对教育内容合法性的确证。不仅如此,教育制度还能消解教育事务中各教育主体的冲突,保证教育事务的良序运行。在已确定的公共事务中,若要规避利益冲突、意见分歧带来的不确定因素对实践效果的负面影响,就要制定统一的标准与规范,即将其制度化,使各实践主体有据可循,统一步调,以消解冲突、提升效率,这便是制度的重要功能。教育制度的一项重要功能,就是通过创立行为边界,建立相应的酬赏惩戒机制,为行为主体提供一整套借以预测行为过程和结果的信息,最大限度减少教育行为过程的不确定因素,从而为教育的发展与合作创造有利的条件。[③]课程制度在课程的实施中亦有如此功能,因而课程的有序开展亦需要课程制度加以保障。

课程制度建设是学校课程发展与课程实践取得良好成效的基础性工作与前提。课程制度是学校共同遵守的,有效落实课程计划和课程方案,有效促进学校课程实施与课程开发、课程管理与课程评价的一系列规程和行为准则。[④]课程制

---

① 田正平,李江源.教育制度变迁与中国教育现代化进程[J].华东师范大学学报(教育科学版),2002,20(1):39-51.
② 田正平,李江源.教育制度变迁与中国教育现代化进程[J].华东师范大学学报(教育科学版),2002,20(1):39-51.
③ 田正平,李江源.教育制度变迁与中国教育现代化进程[J].华东师范大学学报(教育科学版),2002,20(1):39-51.
④ 郭元祥.学校课程制度及其生成[J].教育研究,2007(2):77-82.

度往往涉及学校的课程价值,学校与国家课程、地方课程和校本课程的关系,教师与课程的关系以及学生与课程的关系,是学校进行课程选择、课程决策、课程开发与课程实施的价值规范和行动规范。[1]深究其里,课程制度是对课程实施中主体与课程内容的关系、主体间的关系秩序的限定,厘定了各类关系的边界,保障了各类主体的教育行动轨迹运行在适切的"安全轨道",促进了教育事务的良序开展。由此可见,铸牢中华民族共同体意识的课程制度化建设不仅彰显了对铸牢中华民族共同体意识教育合法性的确证,还规定了各主体的权责内容与权责边界,从根本上统一了各大中小学以及幼儿园的实践方向,有效保障了铸牢中华民族共同体意识教育在各学段、各地区的全面开展。

铸牢中华民族共同体意识的课程制度建设,是从硬性的政策层面对该课程进行说明。须明确,铸牢中华民族共同体意识课程不是一门单独的课程,它是贯穿于全学段、教育教学全过程、全学科、校内校外各方面的一种价值观教育课程,以嵌入式教育、重大主题教育、革命教育、红色精神教育为主要方式。建立该价值观教育的课程制度,从规章制度层面进一步明晰了各级相关行政部门与教育部门及其他教育主体的职责,为教育执行者提供了行动指南,明晰了"为什么实施""谁来实施""怎么样实施"的问题,将避免各学校在实施铸牢中华民族共同体意识教育时无参照、无标准的无序状态。

二、铸牢中华民族共同体意识的课程制度结构

当前我国实行三级课程管理体制,相应地,课程制度就有国家课程制度、地方课程制度与校本课程制度之分,有效解决了权力在中央、地方、学校的分配问题。地方课程制度与校本课程制度是对国家课程制度的具体化规定,是在国家课程制度的顶层规定下,依据各地、各校的实际情况确立起来的、符合地方与学校的教育理念与发展目标的、关于课程系统有序运行的一系列规程和行为准则。地方课程制度与校本课程制度彰显了地方(省级部门)与学校的主体性地位,规定了地方与学校在地方课程与校本课程建设中的价值目标与行为规范。国家课

---

[1] 郭元祥.学校课程制度及其生成[J].教育研究,2007(2):77-82.

程制度具有最高的法律效力和政策效力，具有鲜明的规范性、规定性和强制性，它强调地方课程和校本课程运行的"共同价值"、标准规范与普遍目标。国家课程制度反映在国家教育行政部门颁布的课程纲领、课程计划、课程方案以及相应的课程标准等文件上。但如果学校仅仅把国家课程制度当作学校课程制度来执行，消解地方课程制度与学校课程制度的作用，则学校教育行为很难具有鲜明的地方与学校特色，难以将课程实施的"共同价值"与普遍目标具体化、校本化。这样的制度执行既不利于特色育人资源的开发，也忽略了学生个体间的差异、地区间的差异，妨碍了教育公平的实现。

铸牢中华民族共同体意识教育关乎"培养什么样的人""为谁培养人"的问题，彰显国家意志，是国家事权。铸牢中华民族共同体意识的课程在中小学阶段，是以嵌入国家课程、融入学科的形式得以实施，而非以一门独立的学科形式存在，不具有普遍性。而铸牢中华民族共同体意识、形塑共同体的具体责任由各个学校主体承担，有鉴于我国教育发展的不均衡现状，培育共同体的过程与方式具有鲜明的学校个性与创造性。所以铸牢中华民族共同体意识的课程制度就不必也不能仅止步于国家课程制度，而必须由国家课程制度、地方课程制度与校本课程制度进行协同保障，才能有效且全面地促进中华民族共同体的形塑。因此，铸牢中华民族共同体意识的课程制度是兼具国家课程制度、地方课程制度与校本课程制度特征的一种新型课程制度。

在国家课程制度层面，严格按照国家课程制度对国家课程的规定，对中华民族共同体意识融入学科教学进行制度性规定，确保铸牢中华民族共同体意识的学科化实施。进一步完善铸牢中华民族共同体意识的地方课程制度与校本课程制度，对铸牢中华民族共同体意识的地方优秀资源与学校优秀资源的开发进行合法性确证，赋予省级教育部门与学校以课程开发的权力。为地方课程与校本课程的开发与实施提供指导思想和制度规范，保障地方课程与校本课程的良序建设与健康运行。

三级课程制度形成一体化课程制度格局，协同实施，是我国教育制度优越性的凸显。地方课程制度与校本课程制度与其说是保障铸牢中华民族共同体意识的个性化、差异化实施,不如说是在坚守教育公平。三级课程制度的协同实施,益于充分发挥与保障国家课程、地方课程与校本课程协同育人的优势。

三、铸牢中华民族共同体意识的课程制度生成

健全、科学的课程制度有利于消解课程运行中的价值冲突和程序失序。"要真正把善意的、有价值的学校教育改革变成通向追求卓越之路,学校课程制度的生成至关重要。但学校课程制度要切实成为学校组织中每个成员理性认同和自觉遵守的'共同约定'。"[1]课程制度是关于课程的规约与价值选择,课程制度优越性的彰显,根本问题是课程制度要在学校的教学活动中得到根本性落地,这就需要学校组织中的每个成员及学生家长对该制度达成认同共识,使其成为学校共同体成员自觉遵守的契约,唯此才能凝聚力量,协同推进课程制度的落地。当前学校业绩的考核标准仍以可量化的"分数"、升学率为主,家长亦被分数思维牵制,以孩子的考试分数来论其成败,而铸牢中华民族共同体意识教育属价值观教育而非知识性教育。基于此,铸牢中华民族共同体意识教育的课程制度的真实生成就不仅需要国家行政部门使用行政权力,以教育政策与教育文件的形式强制性将其确定下来,并对各地区、各学段学生的铸牢中华民族共同体意识的课程制度的实施进行常态化监察与督导,更需要国家教育部门、省级教育部门、校级主体及社会相关主体协同参与进来,使静态的铸牢中华民族共同体意识教育的课程制度运行起来。唯有如此,铸牢中华民族共同体意识教育的课程制度才能实现真正意义上的生成。

(一)颁发相关文件加以政策性保障

制度是一种文化,反映国家的思想价值取向,它之所以具有根本性与强制性,在于其是由国家权力机关制定并体现于国家文件中的,具有法律效力。制度保障是根本,它无声地表达着国家的奋斗目标与理想信念。制度并不存在于人们心中,而存在于国家文件中,国家肯定的制度才具有合法性,才能发挥强制性

---
[1] 郭元祥.学校课程制度及其生成[J].教育研究,2007(2):77-82.

与指导性作用,才能在全国范围内得以普遍性实施。

国家颁发的政策性文件具有法律效力,是对文件内容的顶层设计层面的规定。在政策性文件中出现的内容,各地区均要服从安排、领会其精神,依据本地情况,进行个性化实施。铸牢中华民族共同体意识教育的课程制度体现国家意志,需要国家核心权力部门颁发相关文件,在国家文件中阐明,从根本上确证其合法性。铸牢中华民族共同体意识教育的课程制度的合法性确立,表征国家对铸牢中华民族共同体意识教育的高度重视。国家顶层核心部门应出台相关文件对铸牢中华民族共同体意识教育的国家课程制度、地方课程制度、校本课程制度进行政策性说明。发挥制度的导向性作用,告知省级教育部门地方课程制度应如何构建、告知学校主体校本课程制度应如何建设。为地方与各学校实施铸牢中华民族共同体意识的教育提供参考标准与行动指南,避免教育资源的浪费,有效提升铸牢中华民族共同体意识教育的质量。

(二)成立督察机制监督课程制度的实施

铸牢中华民族共同体意识的课程制度在国家文件中得以阐明,表明该课程制度已获得合法性地位,地方与学校要按照文件要求,一丝不苟落实该课程制度,地方及学校也因此成为该课程制度实施的监督对象。中央对地方的课程制度实施进行监督,地方对各自辖区内的学校的课程制度实施情况进行监督,自上而下形成铸牢中华民族共同体意识的课程制度监督机制。

铸牢中华民族共同体意识的课程制度的有效落实需要建立"以导为先"的常态化监督机制,上级部门要对下级部门的课程制度实施进行定时与不定时相结合的监测与督导。一方面,要评估下级部门是否认真贯彻落实该课程的国家课程制度,检测其实施的效果;是否充分履行责任,根据自身特色构建并实施地方课程制度、校本课程制度。另一方面,也是铸牢中华民族共同体意识课程制度的监督机制最主要的方面,即对下级部门课程制度实施中存在的问题进行反馈指导。在不断的督导中,提升地方及学校铸牢中华民族共同体意识课程制度的实施能力,提升铸牢中华民族共同体意识教育的育人成效。

良性的课程制度实施应具有双向贯通的监督—反馈机制,铸牢中华民族共同体意识的课程制度的有序实施,还应打通自下而上的反馈通道,建立制度实施的反馈机制。搭建反馈平台,使学校与地方在课程制度实施中遭遇困惑时能向上级寻求及时的帮助与指导。同时在实践中检验铸牢中华民族共同体意识的课程制度是否具有科学性,并能及时向上级部门反馈,在这样民主的机制下,不断促进我国铸牢中华民族共同体意识课程制度的优化,提升铸牢中华民族共同体意识的教育的成效,提高教育制度自信、课程制度自信。

(三)多元主体协同形成制度运行的共振合力

通常情况下,制度是静态的、富含规定性程序的章程,只有当制度真正运行,由静态变为动态,才能获得生命力,内涵的人文精神才能得以彰显,制度优势才能得以释放。事务的良序运行、价值冲突在运行着的制度中得以保证与消弭。可见,铸牢中华民族共同体意识的课程制度生成的内涵并非仅指该课程制度在国家文件中得以说明这一步骤,其真正的生成意蕴在于多元主体依据国家文件,协作推动铸牢中华民族共同体意识教育的开展。简言之,动态运行中的课程制度才是真正得以生成的课程制度。

铸牢中华民族共同体意识教育的高效开展非单一课程制度能实现,需要国家课程制度、地方课程制度、校本课程制度的协同运行,本质上是使学科教育、专题教育、社会实践、课程思政、显性课程与隐性课程有机结合,协同育人,要求全过程、全学科、全学段育人。这样的教育需要多元主体有效参与,并达成价值共识,形成共振合力,汇聚多元主体的智慧,追求课程治理的"最大公约数",由"共治"走向"善治",释放铸牢中华民族共同体意识课程制度的最大优势,为铸牢中华民族共同体意识教育的高效开展提供强有力的制度保障。

第六章

铸牢中华民族共同体意识的教材建设

当今世界,科技发展日新月异,多元文化异彩纷呈,中西方价值观不断交流碰撞,人们思想行为的差异性、多变性日益增加,民族认同问题日益严峻。中华民族共同体意识作为国家统一之基、民族团结之本、精神力量之魂,是应对百年未有之大变局,实现中华民族伟大复兴不可或缺的精神源泉。因此,铸牢中华民族共同体意识,成为时代发展的应有之义。铸牢中华民族共同体意识,须通过教育这一特殊途径,使个体深层心理得以建构,逐步将中华民族共同体的价值观念、社会行为准则、伦理道德规范等纳入自身的社会认知结构体系之中,并据此开展社会行动。[1]教材作为教育教学重要的载体,是依据知识、文化、社会条件而选择的信息、符号等构成的供学校教师和学生使用的基本教学材料,[2]对传播社会主流价值观,培育和铸牢中华民族共同体意识具有重要意义。推进铸牢中华民族共同体意识教材建设工作,建立大中小幼一体化的教材建设体系,完善教材编写、审核、使用、评价机制,是回应时代挑战的重要举措,是中华民族共同体意识深入人心并广泛实践的重要前提。中华民族共同体意识作为对"中华民族共同体"这一客观存在的意识,是对五十六个民族相互依存共性发展的认同,集中表现为"五个认同",即对伟大祖国、中华民族、中华文化、中国共产党、中国特色

---

[1] 张积家,冯晓慧.中华民族共同体认同的心理建构与影响因素[J].民族教育研究,2021,32(2):5-14.
[2] 李太平,王俊琳.教材建设与国家认同[J].国家教育行政学院学报,2019(9):23-30.

社会主义道路的认同。[①]铸牢中华民族共同体意识的教材一般来说分为三类。第一类是在现有的教材之外,编写一本专门的教材;第二类是在现有的教材中增加新的单元,专门讲解中华民族共同体意识;第三类是将中华民族共同体意识融入现有的教材之中。第一类势必增加学生的学习负担,同时也难以避免与现有教材内容交叉重复;第二类不仅会导致中华民族共同体意识与现有教材内容的交叉重复,还容易打乱教材原有的结构,割裂教材的逻辑体系;第三类不仅能够克服前两种选择的弊端,还符合教育的特点。因此,本章旨在阐明中华民族共同体意识"融入教材"的建设过程。

教材建设作为国家事权,是关乎国家未来的基础性工程。铸牢中华民族共同体意识的教材建设工作需要做到统筹布局与科学有序,学科学段全面涵盖,共同体意识内涵阐释充分,教材建设安排循序渐进,历经编写、审查、选用、评价等环节,才能充分发挥教材的育人功能,引导学生树立对党和国家的认同,为实现中华民族伟大复兴而奋斗。

第一节 铸牢中华民族共同体意识的教材编写

教材编写是教材建设的首要环节,是教材建设从理论走向实践的关键步骤,是体现国家意志、落实立德树人根本任务的重要途径。铸牢中华民族共同体意识的教材建设首先要抓好教材编写环节,选定编写主体,明确编写原则,完善编写过程,以保证教材编写进度,提高教材编写质量,培育和践行中华民族共同体意识,服务于中华民族伟大复兴中国梦的实现。

[①] 郑旺全,赵晓非.中华民族共同体意识的话语演进与内涵深化——基于"五个认同"建构中华民族共同体意识内涵体系框架[J].民族教育研究,2021,32(2):15-23.

一、铸牢中华民族共同体意识的教材编写主体

教材编写主体不仅是贯彻党和国家教育方针、落实国家事权的重要保障,也是铸牢中华民族共同体认同、促进多元一体格局的重要力量,还是提升教育水平,实现立德树人根本任务的重要依托。推进铸牢中华民族共同体意识教材事业的不断发展,离不开一支政治立场坚定、专业水平过硬、人员结构合理的教材编写队伍。

(一)铸牢中华民族共同体意识教材的各级编写主体

编写铸牢中华民族共同体意识教材是一个需要系统整体设计、分学科学段进行的工作。而教材种类繁多,不同学段、不同类型的教材应由不同的主体负责。

中小学阶段的教材须在国家教材委员会的统筹和指导下,实行国家、地方和学校分级管理。国家课程教材依据国家课程教材建设规划、中小学课程方案和课程标准编写修订;地方课程教材依据相应的课程教材建设规划或编写方案,立足区域人才培养需要,充分利用好地方特有经济社会资源编写修订;学校原则上不编写出版教材,确需编写出版的应报主管部门备案,按照国家和地方有关规定进行严格审核。

职业院校教材实行国家、省(区、市)两级规划制度。国务院教育行政部门重点组织规划职业院校公共基础必修课程和专业核心课程教材,根据需要组织规划服务国家战略的教材和紧缺、薄弱领域的教材。省级教育行政部门重点组织规划体现区域特色的公共选修课程和国家规划教材以外的专业课程教材。教材编写依据职业院校教材规划以及国家教学标准和职业标准(规范)等,服务学生成长成才和就业创业。

高校教材实行国家、省、学校三级规划制度。各级规划应有效衔接,各有侧重,适应不同层次、不同类型学校人才培养和教学需要。国务院教育行政部门负责制定全国高等教育教材建设规划。继续推进规划教材建设,采取编选结合的

方式,重点组织编写和遴选公共基础课程教材、专业核心课程教材,以及适应国家发展战略需求的相关学科紧缺教材,组织建设信息技术与教育教学深度融合、多种介质综合运用、表现力丰富的新形态教材。省级教育行政部门可根据本地实际,组织制定体现区域学科优势与特色的教材规划。高校须根据人才培养目标和学科优势,制定本校教材建设规划。一般高校以选用教材为主,综合实力较强的高校要将编写教材作为规划的重要内容。

《教育部关于印发〈中小学教材管理办法〉〈职业院校教材管理办法〉和〈普通高等学校教材管理办法〉的通知》中明确指出,中小学教材中的思想政治(道德与法治)、语文、历史课程教材,中等职业学校的思想政治、语文、历史课程教材,高等职业学校的思想政治理论课教材,普通高等学校中的马克思主义理论研究和建设工程重点教材,以及其他意识形态属性较强的教材和涉及国家主权、安全、民族、宗教等内容的教材,实行国家统一编写、统一审核、统一使用。中华民族共同体意识教材作为一种意识形态的反映,应由国家统一编写,重点体现在德育教材之中。此外,应组建以从事中华民族共同体意识研究与教育的专家为主的指导组,加强统筹、指导,确保铸牢中华民族共同体意识教材的合理性、准确性与系统性。

(二)铸牢中华民族共同体意识教材的编写人员

教材的编写人员由本学科和相关学科专家、教研人员、中小学一线教师及从事中华民族共同体意识研究与教育的专家等组成,应保持合理结构和相对稳定,具备坚定的政治立场、高超的专业水平、合理的人员结构、熟悉国家政策和教育教学客观实际。

首先,编写人员应具有坚定的政治立场。教材是教育领域内意识形态传播的主要工具,建设什么样的教材体系,传授什么内容,是国家意志的重要体现。教材编写主体的政治立场直接影响教材建设方向,一旦编写人员在政治立场上出现方向性问题,很可能造成违背党和国家的教育方针政策、破坏国家稳定和平等潜在的严重后果。因此,铸牢中华民族共同体意识的教材编写主体要具备坚定的政治立场,确保政治方向和价值导向坚定可靠,拥护中国共产党的领导,认同中国特色社会主义,坚定"四个自信",自觉践行社会主义核心价值观,具有正确的世界观、人生观、价值观,坚持正确的国家观、民族观、历史观、文化观、宗教观,无违背党的理论和路线方针政策的言行。

其次,编写人员应展示一流的专业水平。编写人员的能力水平直接影响中华民族共同体意识教材的质量,编写人员的造诣越高,教材建设的水平越高。因此,教材编写人员应拥有卓越的专业能力。具体来说,教材编写人员应对本学科有深入的研究,在基础教育阶段表现为准确理解和把握课程方案、学科课程标准;在职业教育阶段表现为对本学科专业有比较深入的研究;在高等教育阶段表现为扎实的学术功底和高层次的学术水平。同时,教材编写人员应熟悉各学段的教育教学规律和学生的认知发展规律,熟悉教育教学的实际情况。此外,教材编写人员要深入理解中华民族共同体意识的内涵,从国家战略高度深刻理解中华民族共同体意识在教材建设工作中的地位,准确把握其内涵和要求;在正确认知的基础上,将中华民族共同体意识牢记于心,将其内化为自身精神追求,并外化运用于教材编写工作中,把中华民族共同体意识细化落实于各学段各学科教材之中。总之,教材编写人员应能围绕学科任务,依循学生共同体意识形成和发展的一般规律,根据学科性质、教育教学规律选择教学材料,组织编排内容。

最后,教材编写人员应具备合理的人员结构。教材编写人员应是包含中华民族共同体意识研究领域的专家学者、专业编写人员、一线教师和教研员的多元主体,各年龄段人员搭配得当,有充足的时间和精力从事教材编写工作,为保障教材编写主体专业化提供坚实的基础。

二、铸牢中华民族共同体意识的教材编写原则

无规矩不成方圆,编写铸牢中华民族共同体意识的教材并非随心所欲的行为,必须遵循一定的原则。有了这些原则,教材编写主体才能编写出符合国家要求、满足社会需要、适宜学生发展的教材,才能保证教材编写的质量。铸牢中华民族共同体意识的教材编写原则主要有以下几个方面。

(一)坚持政治立场

体现国家意志,维护国家安全是教材应有之义,这决定了在编写铸牢中华民族共同体意识教材时务必有正确的指导思想,有坚实的政治依据,旨在培养符合国家发展需要的建设者和接班人。铸牢中华民族共同体意识的教材编写必须以正确的指导思想为政治依据。新时代我国教材编写的指导思想包括马克思列宁主义、毛泽东思想、邓小平理论、"三个代表"重要思想、科学发展观、习近平新时代中国特色社会主义思想。上述指导思想落实到教材中,体现为教材编写要坚持正确的政治方向,把握教材的思想性。中华民族共同体意识作为我国国家治理体系的重要内容和人类命运共同体的具体化实践,其铸牢培育,应在坚持正确思想的基础上,积极融入教材建设之中。

(二)实现系统规划

铸牢中华民族共同体意识的教材编写是一项系统性工程,在编写的过程中也要做到整体、全面、系统规划,通过严密思考和整体设计,制定中华民族共同体意识教材的图谱。教材编写应结合中华民族共同体意识自身的理论逻辑,全面介绍与阐释中华民族共同体意识的发展脉络、时代价值、核心要义,做到系统安排,统筹协调,分学科分学段进行,将中华民族共同体意识有规划地融入不同学段不同学科之中。一方面,要注重不同学段之间的衔接。基础教育、职业教育、高等教育各学段的教材编写目标、体例之间存在一定的延续性和连贯性,应统筹中华民族共同体意识在不同学段教材中的落实情况,科学设置教材目标、内容和呈现方式,梳理好逻辑关系,保证中华民族共同体意识在不同学段教材中有序衔接,层层递进。另一方面,要做到学科之间协调配合。协调配合事关教材编写的逻辑性,影响学生知识、能力和思维的发展。哲学社会科学和自然科学都是课程体系必不可少的组成部分,应明确学科特点,统筹学科分工,相互配合,系统规划不同学科教材中铸牢中华民族共同体意识的相关内容,实现学科互补,共同育人。

（三）结合学科特点

不同的学科均承担着育人的重任，铸牢中华民族共同体意识的教材编写应从学科自身特点出发，在把握学科一般规律的基础上，结合各学科独特的优势，以科学合理的方式融入中华民族共同体意识。基础教育阶段，《道德与法治》《思想政治》等教材是中华民族共同体意识传播的主阵地，应以此类教材为重点，有目的、有计划地进行意识形态和学生认同教育；《语文》《历史》等意识形态属性较强的教材应系统设计，科学融入中华民族共同体意识的相关内容；其他教材也要结合自身特点，有机融入中华民族共同体意识的相关内容。高等教育阶段，哲学社会科学教材要注意介绍和阐释与学科相关的中华民族共同体意识内容，引导学生在专业学习的过程中加深对中华民族共同体意识的理解与认同。自然科学教材要结合自身特点有机融入中华民族共同体意识的相关内容，实现中华民族共同体意识教材的全覆盖。

（四）注重适宜有效

不同年龄段的学生有其认识发展的规律，教材编写必须遵循受教育者的认知规律及教育教学规律，贴近学生的生活学习实际，确保教材内容可认知、可理解，指导学生将思想认识转化为实际行动。首先，教材编写要选择恰当的表述方式，便于学生理解与掌握。铸牢中华民族共同体意识非一日之功，其教材的编写要选择形象具体、贴近学生生活的素材，使中华民族共同体意识具备可感知的日常化形态，并认真研究教材的内容呈现、组织编排、风格特色等，以丰富多彩的形象、实例与活动帮助学生理解和掌握中华民族共同体意识的内在要义。其次，教材内容设计上要处理好深度和广度的问题。不同年龄阶段乃至不同的学生之间都存在身心发展差异，要结合学生的心理特点、认知水平及接受能力，循序渐进地设定培育目标、内容编排与呈现形式。如高中生的认知思维能力比中小学生更加成熟，这一阶段应从理论高度加强意识形态教育，提升对中华民族共同体意识的理性认识，加强中华民族共同体的理论教育。最后，当今社会，互联网、大数据的发展，推动知识发展日新月异。这种以知识进步为时代特征，要求教材编写要以发展的眼光向前看,紧跟时代步伐。一方面,教材编写的内容要及时更新,符合时代发展。中华民族共同体意识的培育是一项长期的工作,在不同的发展阶段会遇到不同的问题,产生不同的变化,这需要教材编写与时俱进,改革创新,围绕中华民族共同体意识,结合社会热点问题和学生成长过程中遇到的典型问题,帮助学生深度理解中华民族共同体意识的丰富意蕴。另一方面,教材的形态也要呈现时代特征。在人工智能如火如荼发展的时代,既要做好纸质教材的编写工作,也要积极编写数字化教材,促进教材形态多样化,奠定中华民族共同体意识的培育基础。

三、铸牢中华民族共同体意识的教材编写过程

教材编写是一项复杂、艰巨而繁重的脑力劳动。一般来说,教材编写工作以确定教材选题后的编著者着手准备编写为开始,以编著者交出符合出版要求的书稿送审为终点。铸牢中华民族共同体意识的教材编写工作是一个涵盖各学段各学科的复杂工程,应结合学段学科特点有序进行,在主编的统筹下,经过编写准备阶段、初稿编写阶段、初稿修改阶段、教材审查阶段及最终修改阶段,集体合作完成编写任务。

(一)铸牢中华民族共同体意识教材的编写准备阶段

这一阶段包括以下步骤:首先,由主编召集会议,集体研究教学大纲和课程教学的基本要求,达到提高认识和统一思想的目的,形成对铸牢中华民族共同体意识的深刻理解。其次,拟定并确定铸牢中华民族共同体意识教材的编写提纲。对编写提纲的讨论要严肃认真,做到具体、细致与深入,做到科学性与思想性相统一,既符合教材的知识逻辑,又体现教材的认知逻辑。再次,对编写任务进行具体分工,交流有关资料。最后,要确定编写进度要求。

(二)铸牢中华民族共同体意识教材的初稿编写阶段

这一阶段,依据准备阶段确定的要求,教材编写成员按照编写提纲编写初稿。需要注意的是,即便教材编写提纲制定得很详细,在具体的编写过程中,编著者仍可能发现某些规定不符合要求、某些问题尚未涉及等情况。编著者应积极主动与主编联系,通过协商的方式调整教材编写提纲,确保铸牢中华民族共同体意识教材的编写质量与进度。

(三)铸牢中华民族共同体意识教材的初稿修改阶段

这一阶段,教材编著者已经完成了铸牢中华民族共同体意识教材的初稿编写工作,需要编著者对编写的初稿进行认真审校修改,也可以与其他编写者相互交流、彼此审校,尽量找出教材中脱节、重复、错误、不合理和不一致的地方。主编要仔细通校整份初稿并召开会议,在集体讨论中研究和修改初稿。各编著者对编写的初稿进一步进行修改。

(四)铸牢中华民族共同体意识教材的审查阶段

这一阶段的工作通常由教育主管部门约请审稿人进行。审稿人依据教材规划、课程方案对教材进行审查,从宏观上,审稿人要检视铸牢中华民族共同体意识教材的政治方向与价值导向,及其科学性与适应性;从微观上,审稿人要注意教材初稿中的重复、脱节、取材详略及深浅问题,统一术语与文字风格。

(五)铸牢中华民族共同体意识教材的最后修改阶段

这一阶段是教材编写的最后阶段。主编应认真研究审稿意见,若审稿意见是一般性意见,无须召开会议决定取舍,由主编定稿,还可适当补充一些内容。若审稿意见需要编著者参加会议,则全体编著者要根据审稿意见完成铸牢中华民族共同体意识教材书稿的修改定稿工作。在铸牢中华民族共同体意识教材书稿完成后,主编再次审阅校对,后送至出版部门进行编辑加工。

第二节　铸牢中华民族共同体意识的教材审查

教材审查是教材建设最重要的任务和环节,是教材进入市场的关键屏障。把好教材关,为师生提供优质教材,确保国家人才培养质量,是教材审查的重要使命。中华民族共同体意识立足于我国统一多民族国家的基本国情、中国特色社会主义进入新时代的现实需要及时代背景,是你中有我、我中有你的归属感,是对伟大祖国、中华民族、中华文化、中国共产党、中国特色社会主义的认同。对铸牢中华民族共同体意识的教材进行审查,对保障教科书质量,贯彻国家意志,引导中华民族共同体意识的传播与培养起着至关重要的作用。通过明晰教材的审查主体、审查标准、审查程序,进一步规范教材审查,确保教材审查工作的严肃性、连续性、权威性、稳定性和保密性。

一、铸牢中华民族共同体意识的教材审查主体

明确教材审查主体是铸牢中华民族共同体教材审查机制的核心问题和首要问题。缺少教材审查主体,教材审查机制在事实上便无法成立。设置铸牢中华民族共同体意识的教材审查主体,应考量专业性、独立性和政治性三个因素,依循国家相关法规政策,保障审查主体的专门性与权威性,发挥审查主体应有的功能。

(一)铸牢中华民族共同体意识教材审查主体设置的考量因素

铸牢中华民族共同体意识教材审查主体的设置应注意以下三个因素。一是专业性。中华民族共同体意识的培育本质上是意识形态的培育,这就要求审查主体具备专业性,应当既具备学科知识又精通共同体意识研究,能够及时察觉出教材中关于中华民族共同体意识的表述是否恰当,内容是否准确,配图是否合理等。二是独立性。铸牢中华民族共同体意识的教材审查主体与教材编写主体应当分离,确保教材审查主体处于独立的地位。三是政治性。教材审查本质上是

一种带有官方色彩的价值判断,着重筛查检验教材传递的意识形态与价值观,考察其是否符合社会主流文化。因此,教材审查主体的政治立场直接影响教材审查的效果。教材审查主体如果在政治立场上出现方向性问题,可能会造成违背国家意志,影响国家安全等严重后果,因此要严把政治关,保证教材审查主体的政治立场坚定、正确。

(二)铸牢中华民族共同体意识教材审查主体的设置

目前我国形成了以国家教材委员会为统领,专家委员会和教育部教材局各司其职、紧密配合的教材审定格局。①各机构各司其职,开展教材审查工作。

国家教材委员会属于国务院议事协调机构,也是最高决策机构,下设多个分委员会,是中小学教材管理的最高权力机构,其主要职责包括:第一,在党的重大教育方针、政策引导下指导、统筹、管理全国教材工作;第二,研商教材建设中的重大问题,全面指导、协商各地区各部门教材管理工作;第三,审定国家课程设置及课程标准制定,审查意识形态浓烈的国家规划教材。

教材局是教材审定的执行机构,承担国家教材委员会设在教育部办公室的相关工作,在整个教材审定工作中发挥至关重要的作用。教材局具体负责教材建设过程中基本制度及相关规范的制定;负责相关专家对课程标准的研制及课程方案的具体设置;负责对教材建设加强管理及指导。总之,教材局在整个教材审定工作中上承国家教材委员会的相关指令,推进教材审定工作的全面进行。

专家委员会是专业咨询机构和受托组织,其以个人审读和集体审议相结合的方式进行专业内容审查。②其主要职责包括组织审核教材编写人员资格并提出审核意见,组织审查教材,协调处理教材审查中的重大问题;接受教育部和国家基础教育课程教材工作领导小组交办的专题研究工作。

中华民族共同体意识在本质上属于政治认同,增进学生对伟大祖国、中华民族、中华文化、中国共产党、中国特色社会主义的认同,铸牢中华民族共同体意

---

① 张振,刘学智.新时代中小学教材制度的解构与重构[J].课程·教材·教法,2020,40(2):51-57.
② 管华.论教育行政机关的法律地位[J].华东师范大学学报(教育科学版),2021,39(1):26-39.

识,是形塑政治认同的应有之义。因此铸牢中华民族共同体意识的教材审查,应在国家教材委员会、教材局及专家委员会的协调配合下进行。

在此基础上,要进一步明确教材审定人员的条件和要求,具体而言,教材审定人员应具备以下条件。一是政治立场坚定,拥护中国共产党的领导,认同中国特色社会主义,坚定"四个自信",自觉践行社会主义核心价值观,具有正确的世界观、人生观、价值观,坚持正确的国家观、民族观、历史观、文化观、宗教观,没有违背党的理论和路线方针政策的言行。二是准确理解和把握课程方案、学科课程标准,熟悉教育教学规律和学生身心发展特点,对本学科有比较深入的研究,熟悉教材编写的一般规律和编写业务,文字表达能力强,有丰富的教学或教科研经验。三是有较强的编审能力和鉴别能力,能发现问题,提出建议。四是坚持正确的学术导向,政治敏锐性强,能够辨别并抵制各种错误政治观点和思潮,自觉运用中国特色话语体系。五是热心教材工作,认真负责,遵纪守法,有良好的思想品德、社会形象和师德师风,原则性强。总之,应建立一支政治立场坚定、业务能力精湛、人员结构合理、作风学风优良、做事公正无私的高素质专业化教材审查队伍。

二、铸牢中华民族共同体意识的教材审查标准

教材审查标准像一把尺子,尺子的刻度越清晰、精度越准确,测量的效果才越好。铸牢中华民族共同体意识的教材审查标准包括思想性、科学性和教学性三项。

(一)思想性

中共中央、国务院于2019年印发的《中国教育现代化2035》提出:"将服务中华民族伟大复兴作为教育的重要使命,坚持教育为人民服务、为中国共产党治国理政服务、为巩固和发展中国特色社会主义制度服务、为改革开放和社会主义现代化建设服务。"立足于时代发展新方位,教材应积极贯彻党的教育方针路线,扎根中国大地,站稳中国立场,加强中华民族共同体意识教育,引导学生坚定道路

自信、理论自信、制度自信、文化自信,为实现中华民族伟大复兴中国梦而奋斗。因此,教材审查的首要标准便是思想性。通过全面系统的监测,对教材的政治方向和价值导向进行重点审核,审查其政治立场是否坚定,是否将政治标准有机融入教材内容,是否选取正确价值导向。

铸牢中华民族共同体意识是习近平新时代中国特色社会主义思想对马克思主义民族理论的创新性发展,丰富了马克思主义民族理论的内涵与理论特征。铸牢中华民族共同体意识,发挥马克思主义在意识形态领域的引领价值,是新时代民族工作的主线,是党和国家对民族发展历史新阶段的正确研判,是全党和全国各族人民的重要遵循,是实现中华民族伟大复兴、屹立世界民族之林的重要能量。故而,对铸牢中华民族共同体意识的教材进行审查,要严把政治关、思想关,严格审查教材的政治站位,确保方向的正确性;要细审内容质量,监查教材内容与中华民族共同体意识的融合程度,不能简单化、"两张皮";要慎查价值关,保障教材内容导向正确。

(二)科学性

新时代教材建设的科学性就是要在知识变革的背景下,基于教学规律、学习规律、师生心理规律对知识进行合理组织。[①]教材的科学性是教材的基本属性,发挥着传播知识、促进个体关键能力培养的作用。一般来说,教材包含陈述性知识、程序性知识等不同的知识类型,遵循由难到易、由浅入深、循序渐进的认识逻辑,体现着人类对知识的选取、组织、加工。铸牢中华民族共同体意识的教材应阐明中华民族共同体的内涵,帮助学生树立正确的国家观、历史观、民族观、文化观、宗教观,科学组织教材内容,形成大中小学教材一体化建设的格局。因此,教材审查的一个重要标准就是科学性。第一,审查教材的内容结构。中华民族共同体意识以"五个认同"为核心,涉及认知、情感、行为三个维度。在进行教材审查时,要全方位审视教材中不同的知识类型是否按照教学规律、学习规律、社会发展需要合理有机融入教材之中,教材内容是否前后相互联系,教材内部结构是

---

① 靳玉乐,张善超.教材建设40年:知识变革的检讨与展望[J].课程·教材·教法,2018,38(6):9-13.

否恰当,比例是否合理。第二,审查教材跨学段衔接情况。不同年龄阶段学生的认识水平与思维能力存在差异,表现为小学阶段以具体形象思维为主,初中阶段抽象能力逐渐发展,高中阶段理性思维得到进一步发展,大学阶段批判思维得到提升。故在进行教材审查时,要系统审查教材在不同学段的差异性,如小学阶段是否以中华民族共同体具体形象为主要教学内容,初中阶段是否体现休戚与共的中华民族共同体的抽象形态等,确保教材内容前后有机衔接,符合学生的心理发展规律。

(三)教学性

教学性是教材的根本属性,教学需要是教材产生的直接动力,优质的教材往往是便于教师教和学生学的。如果教材的教学性难以保证,那么教材将面临解构的危机,难以发挥其基本价值,进而不利于师生的发展。因此,教材审查的另一重要标准就是教学性。

中华民族共同体意识的培育,就是引导学生对五十六个民族彼此相互依存、共生发展的条件与历史的认同,是对"我们是谁""我们从哪里来""我们要成为谁""怎样成为谁"的认同,是一个包含认识、情感、行为的过程。审查铸牢中华民族共同体意识的教材,要以教学性为标准,审视教材是否体现可教性、易学性、增效性、合宜性。首先,要审查教材是否易于教师教,能否满足教师的教学需求。其次,要审查教材是否便于学生学习,是否考虑到学生的学习需要,易于学生接受。再次,要审查教材能否促进教学效果的提升,能否增进教师教和学生学的效果。最后,要审查教材是否符合实际需要,是否体现中华民族共同体意识的时代要求,是否符合学科自身发展规律及学生发展需要,发挥教材促进学生共同体意识培育的作用。

三、铸牢中华民族共同体意识的教材审查程序

教材审查程序即在教材审查过程中,按照时间的先后顺序进行相关活动。以公开公平公正、合法合理、多元民主为原则,铸牢中华民族共同体意识的教材审查程序包括审查准备、正式审查及审查结果反馈等几个主要阶段。

(一)铸牢中华民族共同体意识的教材审查程序原则

教材审查的第一个原则是公开公平公正原则。无论是教材审查委员的选择、审查标准的确定、审查过程的实施,还是审查结果的确定,各个事项必须按照规定的方式和内容予以公开,便于社会各界的监督。公平原则即符合条件的教材和出版机构,获准审查通过,得到认可和准入的机会是均等的,符合条件的教材都可以在规定时间和程序内送至相应的教材审查机构。送审期间,各套教材享有平等的检验及待遇。公正原则指出版机构或个人及其送审材料承认与接受教材审查机制依法运作的过程和结果,包括过程的规范性(审查事项必须按照法律法规运行)、过程的中正性(负责审查的机关及成员不得参与教材编写、发行,做到编审分离)、过程的充分性(送审机构和个人能在法律限定范围内充分获取信息并表达自身意愿)及过程的透明性(审查过程公开透明)。铸牢中华民族共同体意识教材在送审期间应坚持公开公平公正原则,实施公示制度,接受社会的监督。

教材审查的第二个原则是合法合理原则。在教材审查的全过程中,应坚持法治原则,做到有法必依。第一,要健全教材审查的法律体系,确保教材的送审、认定、公布法制化,做到依法审查。第二,要考虑审查的系统性和整体性,统筹安排教材审查,发挥教材审查促进教育质量提升的作用。对铸牢中华民族共同体意识教材进行审查,要依循相关法律法规,保证审查工作系统、有序开展。

教材审查的第三个原则是多元民主原则。坚持民主原则,要做到扩大教材审查过程中的民主活动,增加教材审查过程的决策民主,通过听证会、教材展示等途径,落实广大人民群众在教材审查过程中的知情权、监督权和参与权。

(二)铸牢中华民族共同体意识的教材审查程序

对铸牢中华民族共同体意识教材进行审查的第一阶段是准备阶段。第一步是教材审查工作的启动和受理。国务院教育行政部门按照国家教材委员会的要求和实际教育教学需要确定并发布审查公告,启动教材审查程序。各编写单位按照教育部相关公告送审教材,并提交相应的送审材料。若编写单位和人员不符合规定条件或存在其他不符合送审要求情形的教材,不予受理。

对铸牢中华民族共同体意识教材进行审查的第二阶段是正式审查阶段。第一,由专家委员会对教材进行审查,采用个人审读和集体审议相结合的方式开展具体的审查工作。在对教材进行个人审读时,由各审查专家依据相关的教材审查标准及要求,对送审教材进行详细审阅,提出有代表性的个人意见并填写相关的审查意见表。在集体审议时,召开专家委员会,针对各委员的意见进行集体性研究,形成集体性的教材审查意见,并以民主投票的方式得出教材审查的结果。第二,由国家教材委员会进行审查。中华民族共同体意识教材蕴含国家意识形态,这类教材不仅要接受专家委员会的审查,还需要国家教材委员会依据相关要求及规程进行审查工作。若教材通过国家教材委员会的审议,则由国家教材委员会办公室编写会议纪要,并向教材编写单位反馈意见。教材修改后,由相应的专家委员会进行复核,复核情况由国家教材委员会办公室向国家教材委员会提交书面报告。

对铸牢中华民族共同体意识教材进行审查的第三阶段是教材审查结果的公示与反馈阶段。这一阶段,国家教材委员会及其专家委员会完成审查后,由教育部履行一定的教材行政审定程序,审查通过的教材将正式列入教学用书目录,供学校选用。

第三节　铸牢中华民族共同体意识的教材选用

教材的选用是指个体或组织在一定范围内,依循一定的标准,按照一定的程序,选择自身群体拟使用教材的行为,本质上是对教科书选用权的分配。做好教材选用工作,对提高教育教学质量、落实国家教育方针、引导社会意识形态、实现国家人才培养目标起着重要作用。铸牢中华民族共同体意识的教材选用是对中华民族共同体意识教材选用的主体、原则、程序进行探讨,做到人尽其权、材尽其用,发挥铸牢中华民族共同体意识教材培根铸魂浸润心灵的作用。

一、铸牢中华民族共同体意识的教材选用主体

教材选用不是某一个教育工作者单独完成的,而是由价值观念、认识方式、利益诉求不同的多重教育主体共同组成的教材选用委员会具体完成的。委员会成员包括教育行政部门、相关专业人士(教研员、学科专家、课程教学专家)、学校、教师、学生、家长、社会人士等。这些主体代表不同的利益主体,权力大小不同、影响力相异,构成教材选用决策中"制度性排列"的"差序格局"。[①]具体而言,各方主体的权力与职责如下。

(一)教育行政部门及其人员

宏观上,各级教育行政部门通过制定规章制度、遴选参与人员、复核选用结果、处理争议纠纷、公布选定教材等步骤进行行政管理行为,其他行政部门对选用工作进行干预。[②]微观上,教育行政部门包括中央教育行政部门和地方教育行政部门两级,两者在教材选用中扮演着不同的角色。中央教育行政部门的主要职责是宏观指导铸牢中华民族共同体意识教材选用工作,并负责三科统编教材、思想政治理论课教材、马克思主义理论研究和建设工程重点教材及其他意识形态属性较强的教材和涉及国家主权、安全、民族、宗教等内容教材的统一编写、统一审核、统一使用。地方教育行政部门负责本地区各级各类教材的选用工作,并组建教材选用委员会具体执行。教材选用委员会要求由多方代表组成,且教材出版、发行人员以及与所选教材有利益关系的教材编写人员不得参与。

(二)学校及校长

在高等院校中华民族共同体意识教材选用工作中,高校是选用的主体。学校教材工作领导机构制定教材选用管理办法,明确各类教材选用标准和程序。中小学教材选用工作中,校长在学校和上级教育部门中起到沟通交流作用。校长对本学校的教学的重点及特色都有全面整体的分析,能够在多个版本的教

---

① 靳玉乐.教科书选用的运作机制及其改进[J].课程·教材·教法,2014,34(8):12-18.
② 姚建欣,王晓丽,孟丹宁.中小学教材选用的机制分析与启示[J].全球教育展望,2022,51(1):76-87.

材中选择最适合自己学校的教材。因此,校长最主要的职责应当是组织教研人员、师生进行教材选用工作,并对选用过程予以监督,力求选取适合本校特色,能满足本校师生需求的中华民族共同体意识教材。

(三)教师

教师是铸牢中华民族共同体意识教材的主要使用者,在教学的过程中接触过各种版本的教材,对于什么版本的教材更适合教学,教师最有发言权。教材只有在使用的过程中才能做到有效的评价,而教师是教材最直接的使用者,所以由教师来决定选择什么样的教材必不可缺。在使用铸牢中华民族共同体意识教材时,也需要教师积极作为,保证教材意识形态功能和育人功能的发挥。这需要加强铸牢中华民族共同体意识教材使用相关培训。作为铸牢中华民族共同体意识教材的直接使用者,教师对于教材的把握、观念、态度直接影响教材的使用效果。故而,加强铸牢中华民族共同体意识教材使用培训是提升教师教材运用能力,减少实践困扰的有效路径。针对教师需求和教学实际,应全面梳理中华民族共同体意识的理论逻辑,采取通识培训与专题培训相结合等方式,全方位开展铸牢中华民族共同体意识的讲解、培训工作,系统学习和内化教材的编写理念、编排结构、知识体系和使用方式,[1]帮助教师结合学生、学校、地区的实际情况,创造性地开发和使用教材。

(四)学生

学生是铸牢中华民族共同体意识教材的第一使用者,其心声意见、兴趣点也是教材选用的重要依据。考虑到中小学学段的学生不具备教材选用的能力,一般由校长、教师、家长等委托代理人参与教材选用。

(五)家长及其他人士

家长、社会人士等也是教材选用的主体,这些人员都能为铸牢中华民族共同体意识教材的选用提供一定的建议,他们的意见也应该被考虑。

---

[1] 咸富莲,马东峰.统编教材使用的内涵、原则与策略[J].教育理论与实践,2022,42(5):40-43.

二、铸牢中华民族共同体意识的教材选用原则

铸牢中华民族共同体意识教材自身带有浓厚的思想意识形态属性,因此这一类教材更多体现于思政教材中,而《中小学教材管理办法》明确指出,意识形态属性较强的教材由国家统一编写、统一审核、统一使用,故而此处着重说明教材使用时应遵循的原则,具体包括思想性、科学性、主体性和灵活性四个原则。

(一)思想性原则

教材自身便负载着一定的价值。无论是通过知识背后的社会意义来间接体现价值的自然学科,还是本身就蕴含丰富价值意义的人文社会科学,各类教材对学生思想观念的形成都具有深厚的影响。鉴于教材内容的价值负载性与思想渗透性,世界各国都通过教材传递国家意志与主流价值,形塑国家发展所需人才。因此,教材使用的首要原则便是思想性原则,即要准确把握铸牢中华民族共同体意识教材的思想政治性。

铸牢中华民族共同体意识教材本身就承载着丰厚的价值观念,内容涉及中华民族共同体历史形成过程、中华民族的发展、中华民族伟大精神的熔铸历程,旨在增强学生对伟大祖国、中华民族、中华文化、中国共产党及中国特色社会主义的认同,帮助学生树立正确的国家观、历史观、民族观、文化观、宗教观。铸牢中华民族共同体意识教材的有效使用为落实立德树人根本任务提供了政治指引,为培育社会主义建设者和接班人提供了价值导向。重视铸牢中华民族共同体意识教材的使用,是认同中华民族的需要,是维护民族统一、国家团结的需要,也是解决"培养什么人""怎样培养人"问题的重要举措,更是厚植民族认同、国家认同、政治认同、文化认同,帮助学生形成对中华民族共同体的积极情感与态度,促进学生全面发展的重要途径。

(二)科学性原则

科学的核心是理性,理性的内核是遵循规则。遵循科学性原则,就是要遵循事物发展的内在规律,做到有理有据,合乎逻辑。铸牢中华民族共同体意识教材

的使用要遵循科学性原则,即要坚持以中华民族共同体意识自身的发展规律来使用教材,要坚持辩证唯物主义的世界观和方法论,既要尊重科学发展规律及学科自身发展规律,又要尊重教育规律和学生的心理发展规律。

因此,在使用铸牢中华民族共同体意识教材时,一方面要把握编写理念、价值取向及学科知识结构,另一方面要依循学生的认知发展规律,科学合理地使用教材。铸牢中华民族共同体意识教材应把系统、复杂、抽象的中华民族共同体相关内容转化为适应不同年龄段学生学习的内容,将知识、能力、情感态度及价值观的培养有机结合起来,使学生在学习教材时,对中华民族共同体意识有连贯的认识,形成积极的情感与态度,并在社会实践中自觉维护国家统一,促进民族团结。

(三)主体性原则

教材是教学过程的一个重要因素,是支撑师生沟通的资源、媒介。教材使用的使命因而是在使用过程中嵌入对具体儿童的理解,通过创造儿童的学科,实现学科逻辑与学生经验逻辑的统一。[1]有效使用铸牢中华民族共同体意识教材,直接影响学生对民族共同体意识的理解、认同与践行。不同阶段的学生有年龄、性别、文化基础、思维能力等方面的差别,学生对教材的理解程度也千差万别。因此,在教材使用过程中要遵循主体性原则,既要尊重学生的主体地位,确立适宜的教学目标,选择符合学生经验和接受能力的内容,采用多样化的教育方法与手段,激发学生学习的动机与兴趣,使学生主动参与、积极思考;也要发现教材内容对学生发展存在的不足,有针对性地处理教材。

(四)灵活性

教材的使用是一个从教育行政部门/组织编写和设计的法定教材到教师设计的合适教材、教学中运作的教材和学生体验的教材的层级转化过程。同时,我国地大物博,不同的地区、不同的民族各有其特色,且不平衡不充分发展仍是一个

---

[1] 安桂清.教材使用的研究视角与基本逻辑[J].课程·教材·教法,2019,39(6):69-74.

重要问题。铸牢中华民族共同体意识教材的编制很难适应不同地区、不同学生的实际情况与教学需要。因此,教材使用应坚持灵活性原则,充分考虑不同民族、不同师生的特点,选择适宜的教材。具体而言,要在理解铸牢中华民族共同体意识教材编写意图、内容结构的基础上,灵活处理教材的统一性与学生、地区差异性需要之间的矛盾,结合本地区、本学校学生的实际情况,进行再开发,使教材的意义在使用过程中得以彰显。

三、铸牢中华民族共同体意识的教材选用程序

铸牢中华民族共同体意识教材选用过程大致可以分为三个阶段:规划准备阶段、分析比较阶段和追踪与评价阶段。

(一)铸牢中华民族共同体意识教材的规划准备阶段

第一阶段为规划准备阶段,包括成立铸牢中华民族共同体意识的教材选用委员会,分析和确定教材需求等步骤。教材选用是个体或组织构成的行动主体在一定范围内依据一定的程序选择其自身或其所代表的群体拟使用的教材的行为。进行教材选用的首要步骤便是建立铸牢中华民族共同体意识的教材选用委员会。这一委员会是地区或学校为选用教科书而成立的一个临时性组织,教材选用委员会的委员经民主程序提名公示产生,负责定期帮助学校选用适宜的教材,培训指导教师开展教材选用等工作。此外,分析和确定教材需求,即分析学校、教师、学生及社会各界的特殊需求。这需要教材选用委员会了解可供学校选用的铸牢中华民族共同体意识教材,了解本地区教师的教学水平及对铸牢中华民族共同体意识教材的要求,了解本地区经济发展状况对教育的要求及家长对学校教育的期待,了解本地区所选铸牢中华民族共同体意识教材的使用情况,从而明确铸牢中华民族共同体意识教材需要补充什么内容和怎样补充。

(二)铸牢中华民族共同体意识教材的分析比较阶段

第二阶段为分析比较阶段,包括设定选用标准、比较各套教材、获取相关信

息、讨论形成集体意见、确定选用版本等。教科书是一个多维体,只有确定了教材选用的原则,才能对教材进行有针对性的深度比较。在铸牢中华民族共同体意识的教材选用标准上,要以思想性、科学性和适切性为原则,保证教材发挥培养时代新人,促成实现伟大事业的目标,在确定教材选用标准后,需要比较各套教材,在公正、公开、透明、科学的原则下对教材进行比较,挑选出高质量的铸牢中华民族共同体意识教材。同时也要结合教师、家长、学生的意见及专家评议组对教材的评价意见,获取教材选用的相关信息。教材选用委员会在听取各方意见后,形成初步判断,提出初选意见。最后,经教材专家委员会成员的讨论与表决,确定最终选用结果。

(三)铸牢中华民族共同体意识教材的追踪与评价阶段

第三阶段为追踪与评价阶段,包括公示选用结果、确定选用结果、收集使用情况反馈意见等。经教材选用委员会充分讨论后确定的教材选用结果,需要在本级教育行政部门网站上公示。确定选用结果后,应严格遵照选用结果。不得以地方课程教材、校本课程教材等替代国家课程教材。同时也要注意教材选用的稳定性,不得随意更换教材。最后,教育行政部门应建立教材选用、使用监测机制,对教材选用使用情况进行跟踪调查,发现教师、家长、学生等在使用教材过程中的问题,评析教材是否适合本地区或本学校使用,将追踪与评价结果反馈给出版社,并定期对教材的使用情况进行评价并通报结果。总之,铸牢中华民族共同体意识教材选用过程是一个由"选"达"用",由"用"助"选"的过程,有着强烈的延续性和关联性。

为保障教材选用工作的有序开展,需要采取一定的保障措施。具体如下:

第一,加强对教材使用主体的培训。铸牢中华民族共同体意识教材的编写、审核工作完成后,教材的理念、内容与结构都存在一定的调整,亟须对教材的使用做好培训工作,以此来明确教材使用规范,提升教材使用效果。首先,应统筹组织好国家培训与地方培训。教育部定期组织开展铸牢中华民族共同体意识教材培训,各地区结合实际情况,指导相关单位做好教材培训工作,全方位开展中华民族共同体意识教材的讲解培训,使参与者全面理解铸牢中华民族共同体意识。其次,利用好线上线下资源开展培训。各地区在线下集中培训的基础上,发挥网络培训资源内涵丰富、形式多样、时间灵活的优点,进一步提升受培者对铸牢中华民族共同体意识的理解及转化能力。最后,统筹开展通识培训和专题培训,既要注重教材使用的通识性培训,帮助教师理解铸牢中华民族共同体意识教材的内容要求、基本策略,也要加强专题培训,结合不同地区、学校的教材使用情况,有针对性地帮助教师解决实践难题,提高教材使用能力。

第二,加强教材使用相关研究。铸牢中华民族共同体意识教材的编写,对原有教材理念、内容、结构都进行了调整,也对教材的使用提出了更高要求,进而倒逼教材使用研究的深入开展,为教材使用提供强有力的专业支持。于高校学者而言,要加强师生使用教材的相关研究,特别是学生使用教材的相关研究,以保证实现"教材为学生而编"的初衷,[1]使教材更好地服务于教学。于各级教研人员而言,要主动走进学校,走进课堂,围绕教育教学实践中的困境进行研究,帮助师生提高教材使用效果,真正落实铸牢中华民族共同体意识教材的理念和要求。于教师而言,要积极开展教育行动研究,基于教材使用的基本问题,开展有针对性的教研活动,解决实践过程中出现的问题,提升自身对教材的理解和使用能力。

第四节 铸牢中华民族共同体意识的教材评价

教材评价承担着把关教材价值导向、鉴定教材质量优劣及提升教材编写水平等重要功能。教材评价"是采用科学客观的方法,通过收集和分析资料,对教材的特点、适用范围和优缺点等进行评判和分析的过程及结果,是事实判断和价值判断的统一"[2]。以教材铸牢中华民族共同体意识,必须紧抓教材评价环节,以

---

[1] 曾家延,崔允漷.学生使用教科书研究:教材研究的新取向[J].课程·教材·教法,2019,39(11):67-74.
[2] 王晓丽.国外教材评价:基本特征、发展趋势及启示[J].课程·教材·教法,2016,36(9):107-113.

评促编,提高铸牢中华民族共同体意识教材建设质量。以教材铸牢中华民族共同体意识,要对教材进行价值判断,通过专业的评价主体、全面的评价标准,系统分析教材特征,诊断教材是否达到国家标准,判断教材落实人才培养目标的水平,检视教材促进铸牢中华民族共同体意识的培育程度,审查教材达到出版的情况,为国家、地方和学校甄别和遴选教材提供建议。

一、铸牢中华民族共同体意识的教材评价主体

教材评价是对教材质量的评定,不同的主体可以依据自己的需求,对教材某一方面进行评价。因此,对铸牢中华民族共同体意识教材进行评价,首先要明确评价的主体及其权责。一般来说,教育行政部门、教材编写机构、高校和科研机构、教师、学生、家长、社会人士都是教材评价的主体。

(一)教育行政部门

教材承担着体现国家意志,传播社会主流文化与价值观的责任,承载着国家对人才培养质量的价值期待。中华民族共同体在形成之初,就具备了政治性特点,表现出为获取和维护本民族利益去争取政治权力、建筑政治权力体系,运用政治权力管理本民族生活。因此教育行政部门是评价铸牢中华民族共同体意识教材的重要主体之一。一般而言,国家层面的教育行政部门承担着制定宏观政策、评估教材评价机构资格、管理教材评价行业、制定教材评价行业的市场准入标准等职责。地方层面的教育行政部门在教材评估中发挥协调作用,主要负责制定地方教材评价标准、指导管辖区域内教材评价工作等,并依法对下级政府工作执行情况进行监督、检查、评估,保证教材政策的落实。教育行政部门进行的教材评价是审定性评价,通过授权相关机构进行教材审查,保证教材正确、充分反映铸牢中华民族共同体意识的内涵,体现国家主流意识形态。

(二)教材编写机构

教材编写机构也是教材评价的主体之一。教材编写并非一蹴而就的事情,

需要反复修改与完善,最终确定教材内容。因此,教材编写机构会对教材进行自发性评价,以保证铸牢中华民族共同体意识教材与国家方针政策要求一致,符合学生的心理发展规律,彰显时代进步新内容。

(三)高校和科研机构

高校和科研机构也会基于国家要求或研究兴趣,对教材进行部分或全面评价。一般来说,其评价的目的在于提升教材质量,提出改进方向,可能会侧重对某一类指标进行具体化研究,也可能会全面研究。如通过质化与量化的多元监测方法,收集铸牢中华民族共同体意识教材的使用信息,了解铸牢中华民族共同体意识教材的真实使用效果与问题,并及时反馈给教材编写机构,提升铸牢中华民族共同体意识教材的质量水平。

(四)教师与学生

教师与学生是教材的直接使用者,教材质量的高低直接影响着教师的教学效果和学生的学习成效。铸牢中华民族共同体意识的教材建设目标便是引领学生形成对中华民族共同体内涵的正确认知,进而形成对中华民族的积极情感与态度,并在实践中支持中华民族伟大复兴中华梦。因此,铸牢中华民族共同体意识的教材主体之一便是教师与学生。教师与学生基于实际需要,对教材进行评价。

(五)家长

教材质量对于家长而言也至关重要。教材质量事关学生发展,教育支出也是家庭中的较大支出。铸牢中华民族共同体意识教材建设是一项系统性工程,家长往往会结合自身的关注点,对铸牢中华民族共同体的教材进行评价,发现其中的缺陷与不足。如:教材内容是否通俗易懂,便于学生理解中华民族共同体意识内涵;教材能否引起学生的学习兴趣;教材是否配备相应的辅导材料,便于家长辅导学生学习等。总之,家长也是铸牢中华民族共同体意识教材评价的一个重要主体。

(六)社会人士

社会人士也是铸牢中华民族共同体意识教材评价的重要主体。一些关心教材质量的社会人士可以利用网络发表对铸牢中华民族共同体意识教材的看法,积极向教育行政部门建言献策,促使教育行政部门着手教材改善工作。

二、铸牢中华民族共同体意识的教材评价标准

建立科学合理的评价标准是诊断教材质量的迫切需求,是落实人才培养目标的重要手段。为适应时代发展需要,铸牢各学段学生的中华民族共同体意识,教材评价标准应遵循四个原则,即体现教材的知识传播功能,体现教材的文化传承与创新功能,体现教材促进学生发展的功能,体现教材的教学性。基于此,确定如下铸牢中华民族共同体意识教材评价标准。

(一)思想性标准

教材建设是国家事权,教材需要回答的一个重要问题便是"谁的知识最有价值",这涉及"为谁培养人"的根本性问题。党的教育方针明确指出,要培养德智体美劳全面发展的社会主义建设者和接班人,点明人才培养的社会主义方向性。在新的时代背景下,教材要体现党和国家意志,坚持马克思主义指导地位,体现马克思主义中国化要求,体现党和国家对教育的基本要求,体现国家和民族的基本价值观。要把铸牢中华民族共同体意识作为教材建设的重要任务,发挥教材培根铸魂的作用。因此,教材评价的首要标准便是思想性标准。一方面,教材评价要检视教材是否把握正确的政治方向,是否体现马克思主义理论中国化的最新成果,是否贯彻落实党和国家的教育方针政策,是否体现中国和中华民族的风格,确保教材具备正确的政治立场。另一方面,教材评价要监测教材是否有效融入中华民族共同体相关元素,能否培养学生对中华民族共同体的积极情感,增进学生对伟大祖国、中华民族、中国文化、中国共产党与中国特色社会主义的认同。

（二）知识能力标准

从某种意义上来说，人类的发展史即一部不断探究知识本质的历史。知识是人类精神成长必备的营养，是社会得以延续和发展的基础。特别是进入21世纪后，科技发展日新月异，各类知识浩如烟海。随之而来的，是我国课程教学改革目标从"双基"到三维目标再到核心素养的转变。作为人才培养的重要目标，知识素养是适应时代发展需求，促进个体终身发展的关键能力和必备品格。教材作为传播人类知识、开展教育教学活动、培养个体必备能力的重要载体，必须反映人类历史的优秀成果，体现时代主流知识。因此，教材评价的重要标准便是知识能力标准。教材评价要系统审视大中小学各类教材是否充分反映人类文明发展的成果，是否展示人类知识的科学性、时代性，为培养具备扎实学识、国际视野的人才提供有力支撑。

中华民族的发展是一个动态的过程，有其形成和发展的规律。长久以来，中华民族是一个在多元发展中逐渐形成"你中有我，我中有你"相互交融的"自在"民族实体；至清朝中后期与西方列强的对抗中，各民族深刻认识到其共同未来与命运，开始转化为一个"自觉"的民族实体；进入新时代，各民族共同发展、守望相助、追求美好生活的目标高度一致，中华民族成为一个"自在"的民族实体，中华民族共同体意识进一步铸牢。基于中华民族的发展历程，教材评价要全面监测各类教材是否体现中华民族共同体的形成历史，是否融入中华民族共同体意识最新发展成果，把好时代新人的共同体意识关。

（三）文化传承与创新标准

文运同国运相牵，文脉同国脉相连。习近平总书记在党的十九大报告中指出："文化是一个国家、一个民族的灵魂。文化兴国运兴，文化强民族强。没有高度的文化自信，没有文化的繁荣兴盛，就没有中华民族伟大复兴。"文化传承与发展事关国家与民族的根基。中华民族五千多年的历史长河孕育了中华优秀传统文化，并在中国特色社会主义实践中不断创新与发展，熔铸了中国特色社会主义文化体系。教材作为中华优秀传统文化传承与弘扬的重要载体，应充分体现以文育人的目标,发挥教材文化传承与创新的功能。

中华民族共同体的发展与文化息息相关,中华优秀传统文化、革命文化、社会主义先进文化等是中华民族共同体建设的深厚文化底蕴。中华优秀传统文化是中华民族共同体意识的文化之根:"华夏一体""大一统"理念构筑了民族观与国家观的雏形;"和合"理念奠基了新时代各民族守望相助、共创美好生活的民族发展观;"大同"理想则模铸各民族勠力同心、认同民族共同体的意识。革命文化是中华民族共同体意识的文化之魂,中华民族的革命精神的奋斗历史是各民族持续奋斗的动力支撑。社会主义先进文化是中华民族共同体意识的文化之基,以中国特色社会主义共同理想为精神主线,发挥各民族共同建设的精神动力作用。此外,在传承文化的同时,也要做好创造性转化和创新性发展,在创新发展中提升社会主义文化的活力与影响力。因此,要把文化传承与创新作为教材评价的重要标准,整体监测大中小学教材是否有效体现中华优秀传统文化、革命文化和社会主义先进文化,是否将中华优秀传统文化蕴含的道德规范、思想品格和价值取向融入教材,使教材成为培养学生文化自信,促进国家文化创新,铸牢中华民族共同体意识的重要载体。

(四)教学性标准

教材的教学性,是指教材与生俱来的基于教学、为了教学并指向教学的生命属性。[1]教材是教师教与学生学的重要工具,应兼顾知识的完整性和学生的心理发展特征,符合学生心理发展的逻辑顺序和学科知识的逻辑体系,使教师更好地教,学生更好地学,将教材文本中的知识与价值进行教学转化,实现教材内容的生命内化,引领学生不断成长。因此,教学性成为教材评价的重要标准。

铸牢中华民族共同体意识教材的目标是引导学生在对中华民族共同体内涵正确认知的基础上,对中华民族共同体产生积极的情感、态度与认同,形成维护国家统一、促进民族团结以及支持中华民族伟大复兴实践活动的话语体系与行

---

[1] 张增田.超越经验与常识:教科书的教学性再认识[J].课程·教材·教法,2020,40(1):55-61.

为自觉。[①]基于此,以教学性为教材评价标准,应充分考虑教材满足主体需求的程度,关注教材对教师教和学生学的价值,审视其与不同学段师生需求的契合程度。同时应监测教材适应教学的情况,如教材内容的连续性、延续性、时效性能否适应教学需要,从而彰显教材在铸牢中华民族共同体意识中的媒介作用,全面提升教材的育人育才功能。

三、铸牢中华民族共同体意识的教材评价过程

教材评价的过程一方面可指在评价者头脑中进行的分析、综合、演绎、归纳等一系列思维过程,另一方面也可指教材评价在实践中进行的物质过程。[②]考虑到铸牢中华民族共同体意识教材评价主体的多样化,着重对教材评价的思维过程进行讨论。

(一)明确铸牢中华民族共同体意识教材的评价目标

评价的目的即评价的原因,不同的评价主体对铸牢中华民族共同体意识教材评价的目的也不同。从教育行政部门的视角出发,其评价目的是检验教材是否符合国家意志,是否坚持正确的政治方向;从学科专家的视角出发,其评价目的是检查教材传播知识的情况,保证知识与文化的传承;从教师与学生的角度出发,教材评价的目的是检视教材对不同师生的适用程度,凸显教材在教与学活动中的功能与价值。总之,不同的评价主体有不同的评价目的。

(二)建构铸牢中华民族共同体意识教材的评价流程

铸牢中华民族共同体意识教材评价是一个复杂的过程,需要以层层评价、点点分析的方式,系统建构教材评价的流程。不同的评价主体有不同的评价任务,具体来说包括以下流程。

---

① 曹能秀,马妮萝.中华民族共同体意识培养融入学校教育研究[J].云南师范大学学报(哲学社会科学版),2022,54(1):122-131.
② 丁朝蓬.教材评价的本质、标准及过程[J].课程·教材·教法,2000(9):36-38.

1.教材试用前阶段：以教材编审者为主要评价主体的阶段

这一阶段是对铸牢中华民族共同体意识教材初稿的首次评价，评价主体为教材编审者，即学科专家、教育理论专家、中华民族共同体意识研究专家及教育行政部门的人员。学科专家、教育理论专家、中华民族共同体意识研究专家负责评价教材的内在质量，教育行政部门的人员则负责评价教材内容与国家意志的符合程度。这一阶段评价的主要任务是评价教材的科学性与合理性。铸牢中华民族共同体意识教材不仅要传承民族共同体等知识，还要培养学生对中华民族共同体的积极情感与态度，帮助学生形成正确的国家观、历史观、民族观、文化观、宗教观。发挥教材编审者的主观能动性，对铸牢中华民族共同体意识教材进行分析与评价，凸显他们的知识与学理优势，明晰教材的内在质量，对教材与目标的契合程度、选取知识的典型程度、知识呈现与组织方式进行评价。

2.教材小范围试用阶段：以师生为主要评价主体的阶段

这一阶段是铸牢中华民族共同体意识教材第一次试用阶段，评价主体包括关注教材内容及试用过程情况的学科专家、教育理论专家和中华民族共同体意识研究专家，他们将对真实情景中的问题进行分析与解决，进一步完善教材；也包括教材的真正使用者——教师与学生，他们将在真实的教材使用场景中，提出教材改进建议与意见，更好地发挥教材育人功能。这一阶段的主要任务是评价教材的可行性及便利性。铸牢中华民族共同体意识教材要充分考虑与学生心理发展水平的契合程度，还要考虑与学生、教师的适应性。通过小范围内的抽样试用，收集相关资料，对教师和学生的评价意见进行筛选、采纳，进一步提高教材质量。

3.教材推广阶段：以与教材密切相关的所有人为评价主体的阶段

这一阶段发生于教材小规模试用与调适后，是经严格的教材评审，教材可以大规模印刷与使用的阶段。这一阶段参与人数多，涉及范围广，因此有广泛的评价主体，包括师生、家长以及关心教材质量的社会各界人士，他们可以对铸牢中华民族共同体意识教材的使用成效进行评价，并反馈给教材编写人员和教育行政部门,为提升教材质量提出建设性建议。这一阶段的主要任务是在教材应用于真实情景后,获得对教材可行性程度及实际使用效果的评价。我国地大物博,民族众多,教材在不同的地域使用效果不尽相同。通过对教材使用效果的诸多评价,集思广益,能更好提升教材质量。总之,教材评价的每个环节都有其独特意义与价值,不可顾此失彼。在具体的评价实施过程中,只有坚持评价过程的完整性,才能保证评价主体的完整性,进而保证教材评价的真实性,不断完善铸牢中华民族共同体意识教材的可信度,提升中华民族共同体意识教材的质量。

参考文献

[1]习近平.高举中国特色社会主义伟大旗帜 为全面建设社会主义现代化国家而团结奋斗——在中国共产党第二十次全国代表大会上的报告[M].北京:人民出版社,2022.

[2]习近平.论坚持人与自然和谐共生[M].北京:中央文献出版社,2022.

[3]费孝通.中华民族多元一体格局(修订本)[M].北京:中央民族大学出版社,1999.

[4]张神根,王临霞.从历史生成到时代价值:铸牢中华民族共同体意识的多重蕴涵[J].北京行政学院学报.2022(3):1-9.

[5]户华为,靳晓燕.不忘历史才能开辟未来——以正确历史观引领中华民族伟大复兴新航程[N].光明日报,2017-07-14(1).

[6]赵心愚.教育视域下的铸牢中华民族共同体意识[J].民族学刊,2021,12(2):1-8,92.

[7]王稳东.铸牢中华民族共同体意识的教育机理及其实现[J].西北师大学报(社会科学版),2021,58(5):67-74.

[8]詹小美,张梦媛.意蕴·赋意·举措:铸牢中华民族共同体意识的教育实践[J].云南社会科学,2021(6):25-31.

[9]普丽春,肖李,赵伦娜.民族地区义务教育铸牢中华民族共同体意识的实践与反思[J].贵州民族研究,2022,43(4):197-202.

[10]夏文贵,秦秋玲.国家通用语言文字教育:铸牢中华民族共同体意识的一项基础性工程[J].贵州大学学报(社会科学版),2022,40(4):42-49.

[11]邓文勇,李广海.社区教育在铸牢中华民族共同体意识中的价值及其实现[J].民族教育研究,2022,33(3):40-47.

[12]李雪峰.民族高校学生"铸牢中华民族共同体意识"教育实践研究——以甘肃省民族高校为例[D].兰州:西北民族大学,2022.

[13]德吉白珍.铸牢西藏高校大学生中华民族共同体意识教育的长效机制研究[D].拉萨:西藏大学,2021.

[14]李海鹏.民族院校深化铸牢中华民族共同体意识教育的思考[J].民族大家庭,2021(1):74-76.

[15]马克思.1844年经济学哲学手稿[M].中共中央马克思恩格斯列宁斯大林著作编译局,编译.北京:人民出版社,2014.

[16]杨阳.基于人的全面发展的学校课程体系构建研究[D].西安:陕西师范大学,2020.

[17]卢晓莉.铸牢中华民族共同体意识的三重维度[J].边疆经济与文化,2022(9):81-84.

[18]程玄皓,高军.教育是"铸牢中华民族共同体意识"的关键所在:理论阐释与实践之思[J].宁夏师范学院学报,2022,43(8):14-19.

[19]翟博.新时代党的教育方针理论创新与重要经验[J].人民教育,2022(11):6-12.

[20]徐爽,黄泰博.铸牢中华民族共同体意识与民族高校课程体系改革[J].民族教育研究,2022,33(1):64-70.

[21]赵文心,何虎生.主体性视域下铸牢中华民族共同体意识的内在要求[J].民族教育研究,2021,32(4):42-49.

[22]周洪宇,李宇阳.论建设高质量教育体系[J].现代教育管理,2022(1):1-13.

[23]王建.推动民族教育事业高质量发展[J].中国民族教育,2021(2):1.

[24]杨秀芹,徐叶颖.建设高质量民族教育体系的五个着力点[J].中国民族教育,2021(2):15-18.

[25]汤书波.教育现代化2035:民族教育的理性思考与实践路径[J].现代远距离教育,2019(4):56-67.

[26]于海.西方社会思想史[M].上海:复旦大学出版社,2005.

[27]吴潜涛.论弘扬和培育民族精神[J].求是,2003(19):42-45.

[28]冯开甫,顾燕.论爱国主义是民族精神的核心[J].西华师范大学学报(哲学社会科学版),2018(2):111-114.

[29]周建标.弘扬以爱国主义为核心的中华民族精神[J].中共山西省委党校学报,2011(3):89-91.

[30]陈琪.以爱国主义为支撑铸牢中华民族共同体意识研究[J].红河学院学报,2021,19(4):46-48.

[31]蔡子丽.自强不息精神的缘起与演进[J].科技创业月刊,2014(8):173-175.

[32]喻立平.中华文化的哲学意蕴[N].光明日报,2022-04-04(7).

[33]赵静.论"四个伟大"精神的历史内涵与实践价值[J].思想理论教育导刊,2019(3):68-73.

[34]杨子强,林哲艳.大力弘扬伟大团结精神[N].马鞍山日报,2018-06-09(3).

[35]习近平.在庆祝中华人民共和国成立65周年招待会上的讲话[N].人民日报,2014-10-01(2).

[36]安丽梅.新时代坚守中华文化立场的重要意义与基本路径[J].高校辅导员,2020(1):7-11.

[37]林超民.中国历史整体性与中华民族共同体[J].云南师范大学学报(哲学社会科学版),2022,54(1):5-10.

[38]王顺顺.人类命运共同体对马克思社会共同体理论的传承与创新[J].中学政治教学参考,2019(36):17-20.

[39]中共中央马克思恩格斯列宁斯大林著作编译局.马克思恩格斯文集(第八卷)[M].北京:人民出版社,2009.

[40]中共中央马克思恩格斯列宁斯大林著作编译局.马克思恩格斯选集(第一卷)[M].北京:人民出版社,2012.

[41]黄其洪,方立波.论人类命运共同体理论的马克思主义哲学基础[J].学术研究,2021(11):29-36.

[42]杨建新.再论各民族共创中华民族[J].中央民族大学学报(哲学社会科学版),2020(4):5-12.

[43]李静,高恩召.从自在、自觉到自为:中华民族发展的历史逻辑[J].中央民族大学学报(哲学社会科学版),2021(4):38-47.

[44]刘再营.中华民族共同体意识形成的历史趋势[J].西藏民族大学学报(哲学社会科学版),2019,40(1):102-108.

[45]中共中央马克思恩格斯列宁斯大林著作编译局.马克思恩格斯文集(第一卷)[M].北京:人民出版社,2009.

[46]中共中央马克思恩格斯列宁斯大林著作编译局.资本论(第一卷)[M].北京:人民出版社,2004.

[47]桑明旭.马克思对共同体发展的历史考察及其当代启示[J].湖北社会科学,2019(4):12-21.

[48]刘勇,章钊铭.人类命运共同体理念对马克思共同体思想的继承和创新[J].理论月刊,2022(2):5-12.

[49]王耀宇.科学把握党的民族工作的主线 铸牢中华民族共同体意识(专题深思)[N].人民日报,2022-03-17(9).

[50]中共中央马克思恩格斯列宁斯大林著作编译局.马克思恩格斯文集(第二十一卷)[M].北京:人民出版社,2009.

[51]中国共产党新闻网.中国共产党第二次全国代表大会宣言[EB/OL].(2017-10-13)[2022-12-11].https://www.ccdi.gov.cn/special/19da/lcddh_19da/2da_19da/201710/t20171013_108903.html.

[52]司马义·铁力瓦尔地.党的民族政策永放光芒[J].中国人大,2011(15):6-9.

[53]邓小平.邓小平文选(第二卷)[M].第2版.北京:人民出版社,1994.

[54]邓小平.邓小平文选(第三卷)[M].北京:人民出版社,1993.

[55]曹绍平,李生南.进一步加强各族人民的大团结 携手建设中国特色的社会主义[N].人民日报,1992-01-15(1).

[56]国家民族事务委员会,中共中央文献研究室.民族工作文献选编(二〇〇三—二〇〇九年)[M].北京:中央文献出版社,2010.

[57]中央民族工作会议暨国务院第六次全国民族团结进步表彰大会在北京举行[N].人民日报,2014-09-30(1-2).

[58]国家民族事务委员会政策研究室.中国共产党主要领导人论民族问题[M].北京:民族出版社,1994.

[59]习近平.决胜全面建成小康社会 夺取新时代中国特色社会主义伟大胜利[N].人民日报,2017-10-28(1).

[60]赵超.中国民族国家构建与中华民族认同的形成[J].探索,2016(6):51-58.

[61]厄内斯特·勒南.国族是什么?[J].陈玉瑶,译.世界民族,2014(1):59-69.

[62]习近平在全国民族团结进步表彰大会上发表重要讲话[EB/OL].(2019-09-27)[2022-12-11].http://www.gov.cn/xinwen/2019-09/27/content_5434024.htm.

[63]中共中央 国务院印发《新时代爱国主义教育实施纲要》[EB/OL].(2019-11-12)[2022-12-11].http://www.gov.cn/zhengce/2019-11/12/content_5451352.htm.

[64]赵伦娜.铸牢中华民族共同体意识与新时代民族教育的使命[J].学术探索,2021(1):150-156.

[65]李琴,何雄杰.新时期高校民族团结教育论纲[J].广西民族大学学报(哲学社会科学版),2012(6):87-92.

[66]费孝通．美好社会与美美与共:费孝通对现时代的思考[M].北京:生活书店出版有限公司.2019.

[67]费孝通．文化自觉的思想来源与现实意义[J].文史哲,2003(3):15-16.

[68]习近平在中央民族工作会议上强调以铸牢中华民族共同体意识为主线 推动新时代党的民族工作高质量发展[N].人民日报,2021-08-29(1).

[69]杜尚泽,黄敬文．习近平在纪念孔子诞辰2565周年国际学术研讨会暨国际儒学联合会第五届会员大会开幕会上强调从延续民族文化血脉中开拓前进 推进各种文明交流交融互学互鉴[N].人民日报,2014-09-25(1).

[70]侯润芳．习近平:要维护世界文明多样性[N].新京报,2014-09-25(8).

[71]宣朝庆,葛珊．历史记忆与自我认同:中华民族共同体意识的文化自觉[J].人文杂志,2021(12):16-25.

[72]费孝通．费孝通论文化与文化自觉[M].北京:群言出版社,2007.

[73]徐平,陈宁宁．从两个"大变局"看费孝通"文化自觉"理论[J].湖北民族大学学报(哲学社会科学版),2022(3):1-9.

[74]刀波．牢牢把握铸牢中华民族共同体意识这条主线[N],人民日报,2022-11-14(13).

[75]余文兵,普永贵．新时代推进中华民族共同体意识教育常态化制度化实践的思考[J].云南民族大学学报(哲学社会科学版),2021,38(5):15-23.

[76]王传发,毛国旭．增进共同性:铸牢中华民族共同体意识的学理[J].贵州大学学报(社会科学版),2022,40(4):34-41.

[77]王云芳．中华民族共同体意识的社会建构:从自然生成到情感互惠[J].中央民族大学学报(哲学社会科学版),2020,47(1):43.

[78]中共中央马克思恩格斯列宁斯大林著作编译局．马克思恩格斯选集(第四卷)[M].北京:人民出版社,2012.

[79]刘明松．马克思的"个人观"与人的全面发展[J].江汉论坛,2009(12):50-53.

[80]习近平.在全国民族团结进步表彰大会上的讲话[N].人民日报,2019-09-28(2).

[81]高放,高哲,张书杰.马克思恩格斯要论精选[M].北京:中央编译出版社,2016.

[82]中共中央马克思恩格斯列宁斯大林著作编译局.马克思恩格斯全集(第四十六卷)(上册)[M].北京:人民出版社,1979.

[83]中共中央马克思恩格斯列宁斯大林著作编译局.马克思恩格斯选集(第二卷)[M].北京:人民出版社,2012.

[84]中共中央马克思恩格斯列宁斯大林著作编译局.马克思恩格斯全集(第四十六卷)(下册)[M].北京:人民出版社,1980.

[85]马文通.Communication的译名和意义[J].读书,1995(10):139-141.

[86]雅斯贝尔斯.什么是教育[M].邹进,译.北京:生活·读书·新知三联书店,1991.

[87]顾相伟.马克思人的全面发展思想的当代价值研究[D].上海:上海师范大学,2010.

[88]中共中央马克思恩格斯列宁斯大林著作编译局.共产党宣言[M].北京:人民出版社,2018.

[89]中共中央马克思恩格斯列宁斯大林著作编译局编译.马克思恩格斯全集(第三十卷)[M].北京:人民出版社,1995.

[90]徐春.马克思《1844年经济学哲学手稿》的人学建构[J].上海师范大学学报(哲学社会科学版),2017,46(4):23-29.

[91]马戎,周星.中华民族凝聚力形成与发展[M].北京:北京大学出版社,1999.

[92]何星亮.象征的类型[J].民族研究,2003(1):39-47.

[93]莫里斯·哈布瓦赫.论集体记忆[M].毕然,郭金华,译.上海:上海人民出版社,2002.

[94]王明珂.华夏边缘:历史记忆与族群认同[M].杭州:浙江人民出版社,2013.

[95]江宜桦.自由主义、民族主义与国家认同[M].台北:杨智文化事业股份有限公司,1998.

[96]杨治良,郝兴昌.心理学辞典[M].上海:上海辞书出版社,2016.

[97]陶远华.理智的困惑:当代社会科学的哲学困境及其认识论研究[M].北京:东方出版社,1989.

[98]彭聃龄.普通心理学(修订版)[M].北京:北京师范大学出版社,2001.

[99]SCHWARTZ S H,BILSKY W.Toward a universal psychological structure of human values[J].Journal of Personality and Social Psychology,1987,53(3):550-562.

[100]张晓东.中国特色社会主义事业的价值理性精华:社会主义核心价值观之时代内涵探析[J].东南大学学报(哲学社会科学版),2018,20(6):5-12.

[101]习近平.青年要自觉践行社会主义核心价值观——在北京大学师生座谈会上的讲话[N].人民日报,2014-05-05(2).

[102]曹茂甲.建国70年来我国基础教育课程改革价值取向的变迁[J].上海教育科研,2019(5):16-22.

[103]罗生全.全面而有质量的人的发展:课程评价的价值归属[J].教育发展研究,2020,40(10):3.

[104]闫守轩,杨运.新时代以创新能力培养为核心的课程结构性变革[J].课程·教材·教法,2021,41(2):26-31.

[105]库伯.体验学习:让体验成为学习和发展的源泉[M].王灿明,朱水萍,等译.上海:华东师范大学出版社,2008.

[106]米歇尔·刘易斯-伯克,艾伦·布里曼,廖福挺.社会科学研究方法百科全书(第二卷)[M].沈崇麟,赵锋,高勇,主译.重庆:重庆大学出版社,2017.

[107]习近平在第二次中央新疆工作座谈会上强调 坚持依法治疆团结稳疆长期建疆 团结各族人民建设社会主义新疆[N].人民日报,2014—05—30(1).

[108]郑也夫.知识分子研究[M].北京:中国青年出版社,2004.

[109]李思言,李晓峰.中华民族共同体意识研究中的四个问题[J].内蒙古社会科学,2021,42(4):1-9.

[110]霍恩比.牛津高阶英汉双解词典:第8版[M].北京:商务印书馆,2014.

[111]涂端午.教育政策文本分析及其应用[J].复旦教育论坛,2009,7(5):22-27.

[112]艾伦·C.艾萨克.政治学:范围与方法[M].郑永年,胡谆,唐亮,译.杭州:浙江人民出版社,1987.

[113]刘复兴.教育政策的四重视角[J].清华大学教育研究,2002(4):13-19.

[114]罗生全.学业负担问题解决:模型建构与治理机制[M].北京:人民出版社,2018.

[115]孙丽昕.论我国教育法律的完善[J].现代远距离教育,2011(2):51-54.

[116]劳凯声,刘复兴.论教育政策的价值基础[J].北京师范大学学报(人文社会科学版),2000(6):5-17.

[117]刘复兴.教育政策的价值分析[M].北京:教育科学出版社,2003.

[118]习近平在中央民族工作会议上强调 以铸牢中华民族共同体意识为主线 推动新时代党的民族工作高质量发展[N].人民日报,2021—08—29(1).

[119]徐贵权.论价值取向[J].南京师大学报(社会科学版),1998(4):40-45.

[120]颜景高.中国民族主义的三重考量[J].广西民族研究,2020(4):1-8.

[121]张烨.试论我国教育政策分析的可能范式[J].清华大学教育研究,2006,27(2):103-108.

[122]中共中央办公厅 国务院办公厅印发《关于全面深入持久开展民族团结进步创建工作铸牢中华民族共同体意识的意见》[EB/OL].(2019-10-23)[2022-12-11].http://www.gov.cn/zhengce/2019-10/23/content_5444047.htm?from=groupmessage&isappinstalled=0.

[123]习近平:高举中国特色社会主义伟大旗帜 为全面建设社会主义现代化国家而团结奋斗——在中国共产党第二十次全国代表大会上的报告[EB/OL].(2022-10-25)[2022-12-11].http://www.gov.cn/xinwen/2022-10/25/content_5721685.htm.

[124]冉春桃.民族院校中华民族共同体意识培育的路径[J].中南民族大学学报(人文社会科学版),2019,39(4):70-74.

[125]教育部等四部门关于印发《深化新时代学校民族团结进步教育指导纲要》的通知[EB/OL].(2021-04-20)[2022-12-11].http://www.moe.gov.cn/srcsite/A09/s3081/202205/t20220517_628242.html.

[126]王明珂.华夏边缘:历史记忆与族群认同[M].北京:社会科学文献出版社,2006.

[127]中共教育部党组印发《教育系统关于学习宣传贯彻落实〈新时代爱国主义教育实施纲要〉的工作方案》的通知[EB/OL].(2020-01-20)[2022-12-11].http://www.moe.gov.cn/srcsite/A12/moe_1416/s255/202002/t20200219_422378.html.

[128]成长春,张廷干,汤荣光.意识形态自觉与价值理性认同[J].中国社会科学,2018(2):4-25,204.

[129]蒋文静,祖力亚提·司马义.学校铸牢中华民族共同体意识的逻辑层

次及实践路径[J].民族教育研究,2020,31(1):13-21.

[130]商爱玲.铸牢大学生的中华民族共同体意识[J].西南政法大学学报,2018,20(1):3-8.

[131]万明钢,王婕.铸牢中华民族共同体意识与学校民族团结进步教育课程建设[J].西北师大学报(社会科学版),2021,58(3),26-34.

[132]教育部关于印发《新时代马克思主义理论研究和建设工程教育部重点教材建设推进方案》的通知[EB/OL].(2022-02-19)[2022-12-11]. http://www. gov. cn/zhengce/zhengceku/2022-03/10/content_5678231.htm.

[133]张华.课程与教学论[M].上海:上海教育出版社,2001.

[134]郑富芝.尺寸教材 悠悠国事——全面落实教材建设国家事权[J].人民教育,2020(Z1):6-9.

[135]李霞,李宁辉.体验,教育的转向[J].兰州大学学报(社会科学版),2008(2):147-151.

[136]陈立鹏.推动中华民族共同体意识教育在中小学深入开展[N].中国民族报,2021-11-02(5).

[137]中共中央文献研究室.习近平关于社会主义政治建设论述摘编[M].北京:中央文献出版社,2017.

[138]田正平,李江源.教育制度变迁与中国教育现代化进程[J].华东师范大学学报(教育科学版),2002,20(1):39-51.

[139]郭元祥.学校课程制度及其生成[J].教育研究,2007(2):77-82.

[140]张积家,冯晓慧.中华民族共同体认同的心理建构与影响因素[J].民族教育研究,2021,32(2):5-14.

[141]李太平,王俊琳.教材建设与国家认同[J].国家教育行政学院学报,2019(9):23-30.

[142]郑旺全,赵晓非.中华民族共同体意识的话语演进与内涵深化——

基于"五个认同"建构中华民族共同体意识内涵体系框架[J].民族教育研究，2021,32(2):15-23.

[143]张振,刘学智.新时代中小学教材制度的解构与重构[J].课程·教材·教法,2020(2):51-57.

[144]教育部关于印发《中小学教材管理办法》《职业院校教材管理办法》和《普通高等学校教材管理办法》的通知[EB/OL].(2022-08-12)[2022-12-11]. http://www.moe.gov.cn/srcsite/A26/moe_714/202001/t20200107_414578.html.

[145]管华.论教育行政机关的法律地位[J].华东师范大学学报(教育科学版),2021,39(1):26-39.

[146]靳玉乐,张善超.教材建设40年:知识变革的检讨与展望[J].课程·教材·教法,2018,38(6):9-13.

[147]靳玉乐.教科书选用的运作机制及其改进[J].课程·教材·教法,2014,34(8):12-18.

[148]姚建欣,王晓丽,孟丹宁.中小学教材选用的机制分析与启示[J].全球教育展望,2022,51(1):76-87.

[149]咸富莲,马东峰.统编教材使用的内涵、原则与策略[J].教育理论与实践,2022,42(5):40-43.

[150]安桂清.教材使用的研究视角与基本逻辑[J].课程·教材·教法,2019,39(6):69-74.

[151]曾家延,崔允漷.学生使用教科书研究:教材研究的新取向[J].课程·教材·教法,2019,39(11):67-74.

[152]王晓丽.国外教材评价:基本特征、发展趋势及启示[J].课程·教材·教法,2016,36(9):107-113.

[153]张增田.超越经验与常识:教科书的教学性再认识[J].课程·教材·教法,2020,40(1):55-61.

[154]曹能秀,马妮萝.中华民族共同体意识培养融入学校教育研究[J].

云南师范大学学报(哲学社会科学版),2022,54(1):122-131.

[155]丁朝蓬.教材评价的本质、标准及过程[J].课程·教材·教法,2000(9):36-38.

[156]教育部关于印发《中小学教材管理办法》《职业院校教材管理办法》和《普通高等学校教材管理办法》的通知[EB/OL].(2019-12-16)[2022-12-11].http://www.gov.cn/zhengce/zhengceku/2020-01/07/content_5467235.htm.

[157]陈会玲.新时代地方高校专业教材选用机制研究[D].淮北:淮北师范大学,2021.